胎教·抚触

主编　马良坤

青岛出版社

图书在版编目（CIP）数据

胎教·抚触/马良坤主编.-- 青岛：青岛出版社，2021.4

ISBN 978-7-5552-9656-0

Ⅰ.①胎… Ⅱ.①马… Ⅲ.①胎教-基本知识 Ⅳ.①G61

中国版本图书馆CIP数据核字（2020）第208834号

《胎教·抚触》编委会

主　编　马良坤
副主编　王贵芳
编　委　石艳芳　张　伟　石　沛　王艳清　乔会根
　　　　　杨　丹　余　梅　李　迪　熊　珊

书　　名	胎教·抚触　TAIJIAO FUCHU
主　　编	马良坤
出版发行	青岛出版社
社　　址	青岛市海尔路182号（266061）
本社网址	http://www.qdpub.com
邮购电话	0532-68068091
责任编辑	刘晓艳　徐　瑛
封面设计	夏　琳
全案制作	悦然文化
内文图片	悦然文化　海洛创意
印　　刷	青岛名扬数码印刷有限责任公司
出版日期	2021年4月第1版　2021年4月第1次印刷
开　　本	16开（170mm×240mm）
印　　张	12.5
字　　数	150千
图　　数	260幅
书　　号	ISBN 978-7-5552-9656-0
定　　价	49.00元

编校印装质量、盗版监督服务电话：4006532017　0532-68068050

序

提前拜读了马良坤教授主编的这套"马良坤科学孕产育儿"系列丛书，心里着实为准备成为父母的年轻人感到高兴。现代社会，养育孩子早已不是简单的吃饱穿暖，父母都希望孩子得到最好的照顾。而备孕、怀孕、分娩、育儿确实不是大家想象得那样简单，需要掌握很多的专业知识。第一次做父母的年轻人，往往缺乏专业知识和实践经验，面对网络上真假难辨的孕产育儿信息，难免会无所适从。

马良坤教授主编的这套孕产育儿图书共六本，包括《备孕·怀孕》《胎教·抚触》《分娩·坐月子》《产后恢复·塑形》《母乳·辅食》《护理·早教》，介绍了年轻父母所需要的从备孕、怀孕到育儿的先进理念和科学养育方法。书中细致地阐述了备孕的注意事项、孕期的营养和运动方案、分娩时和月子期的科学应对、产后恢复的方法，以及婴幼儿的喂养、护理和早期教育方法等，其中介绍的许多操作方法简便又实用，使年轻父母可以获取一些解决问题的捷径。

马良坤教授既是一位具有丰富临床经验的妇产科医生，又是一位二胎妈妈，她清楚地知道年轻父母在面临生育问题时有怎样的困扰，也懂得如何有效地去解决这些问题。在忙碌的临床工作之余，马良坤教授还能抽出时间做科普工作，我相信她是带着一份为"推进健康中国建设，提升国民健康水平"而努力的使命感的。

真诚地希望读者能从这套孕产育儿图书中获益，也祝福大家都能拥有幸福美满的家庭！

黄正明
中国医药教育协会会长
联合国生态生命安全科学院院士
解放军总医院第五医学中心教授、博士生导师

前言

　　孩子是爸爸妈妈未来的希望，是爸爸妈妈的生命延续，是爸爸妈妈的精神支柱，是爸爸妈妈的贴心小棉袄……。可以看出，孩子对爸爸妈妈是多么重要。因此，一旦决定要宝宝了，爸爸妈妈一定会非常重视，会尽最大努力把最好的都献给宝宝。

　　现在爸爸妈妈都多多少少知道，胎教对宝宝的发育是非常重要的。怀孕对孕妈妈来说是一个奇妙的历程，此时孕妈妈和胎宝宝每时每刻都在进行着亲密接触。别看宝宝还没出母腹，其实他也是个有思想的小人儿。胎宝宝会笑、会哭，会听、会看，喜欢运动，会发脾气，有记忆……有人说十月胎教胜过十年教育，可见胎教有非常重要的作用，爸爸妈妈们千万不要忽视。在胎教的过程中，孕妈妈和家长们可以通过科学的胎教，最大限度地发掘胎宝宝的潜能，让胎宝宝更好地成长。

　　当然，宝宝出生后，就会和爸爸妈妈面对面交流了。这时抚触就会起到很好的作用，从健康方面来说，它可以促进宝宝的生长发育，刺激感观发展；从感情培养方面来说，还可以让宝宝感受到爸爸妈妈的关爱，让宝宝觉得更快乐自信，更有安全感。虽然很多爸爸妈妈知道抚触按摩对宝宝的好处，但具体怎么做，怎么亲自给宝宝进行抚触按摩，才更有利于宝宝的身心健康？

　　本书将这些爸爸妈妈需要学习的知识一一呈现出来，让爸爸妈妈陪伴宝宝快乐成长。

目录

上篇

第1章 胎教的意义

第1节 什么是胎教 /2
胎教的缘起 /2
正确理解胎教 /3

第2节 胎教的益处 /4
胎教对胎儿的好处 /4
胎教对孕妈妈的好处 /5

第3节 胎教的科学依据 /6
胎宝宝不同阶段的神奇本领 /6
胎宝宝脑部成长全记录 /7
左右脑开发从胎教开始 /8

第4节 胎教要据胎宝宝的发育进行 /10
传统胎教强调从孕前就要开始 /10
依据胎宝宝的发育进行胎教 /11

第5节 胎教不是孕妈妈一个人的事 /12
跟胎宝宝多说话 /12
丰富孕妈妈的业余生活 /12
承担更多的家务 /12
做点"自我牺牲" /13
家庭成员之间要配合好 /13

第6节 常见的胎教误区 /14

第2章 常用的胎教方法

第1节 胎教可以有多种形式 /16
平静状态是胎教的好时机 /16
愉悦本身就是最好的胎教 /16
随时关注胎宝宝 /16

胎宝宝喜欢重复 /17
第2节 营养胎教 /18
营养胎教的重要性 /18
营养胎教的好处 /18

重要营养素需求情况 /20
孕期营养与膳食指南 /21

第3节 情绪胎教 /22
情绪胎教的好处 /22
负面情绪对胎宝宝的影响 /22
值得推荐的准妈妈快乐法 /23

第4节 音乐胎教 /25
胎宝宝对声音十分敏感 /25
音乐胎教的好处 /25
值得推荐的音乐胎教法 /27
有效的音乐鉴赏方法 /28
适合孕妈妈听的古典音乐 /29
适合做胎教的古典音乐 /30

第5节 运动胎教 /31
运动胎教的好处 /31
运动胎教的方法 /32

第6节 语言胎教 /33
如何让语言胎教效果更好 /33
语言胎教宜忌 /35

第7节 美育胎教 /37
视觉刺激与听觉刺激一样重要 /37
美育胎教的好处 /37
美育胎教的方法 /38
如何欣赏美术作品 /39
自己动手画一画 /40
剪纸之美 /40
古人的美育胎教 /40

第8节 抚摸胎教 /41
抚摸胎教前的准备工作 /41
实施抚摸胎教的方法 /41

第9节 光照胎教 /43
胎宝宝对光照会有各种反应 /43
光照胎教的作用 /43
光照胎教的方法 /44

第3章 孕期胎教轻松做

第1节 孕1月 胎宝宝在子宫安家了 /46
营养胎教 /47
情绪胎教：让孕妈妈保持好心情 /49
运动胎教：避免剧烈运动 /50
语言胎教：和《开始》一起踏上幸福的孕程 /51

音乐胎教：贝多芬《田园》/52
胎教故事：《快乐的小蜗牛》/53

第2节 孕2月 小家伙开始有模样了 /54
营养胎教 /55
运动胎教：学习两个瑜伽动作 /57
手工胎教：折千纸鹤 /58

美育胎教：《蒙娜丽莎》/59
音乐胎教：《小夜曲》/60
胎教故事：《司马光砸缸》/61

第3节 孕3月 小胳膊小腿能动了 /62
营养胎教 /63
情绪胎教：克服焦虑 /65
运动胎教：摇手腕 /66
美育胎教：《睡莲》/67
音乐胎教：《蓝色多瑙河》/68
胎教故事：《乌鸦喝水》/69

第4节 孕4月 胎宝宝长头发了 /70
营养胎教 /71
语言胎教：准爸爸讲笑话 /73
情绪胎教：减少担心 /74
运动胎教：有氧操 /75
音乐胎教：《维也纳森林的故事》/76
胎教故事：《有多爱你》/77

第5节 孕5月 妈妈能感觉到胎动了 /78
营养胎教 /79
情绪胎教：积极应对易怒与焦虑，避免孕期抑郁 /81
运动胎教：半蹲练习、橡皮带操 /82
手工胎教：手影游戏 /83
光照胎教：孕妈妈晒太阳了 /84
胎教故事：《龟兔赛跑》/85

第6节 孕6月 胎宝宝能听到声音了 /86
营养胎教 /87
情绪胎教：职场妈妈如何减压 /89
语言胎教：妈妈唱儿歌 /90
运动胎教：背部放松运动 /91
美育胎教：《诱惑》/92
手工胎教：剪只漂亮的蝴蝶 /93

音乐胎教：《四季》之《春》/94
胎教故事：《盲人摸象》/95

第7节 孕7月 胎宝宝的眼睛能睁开了 /96
营养胎教 /97
情绪胎教：冥想让心绪安宁 /99
语言胎教：准爸爸讲笑话 /100
运动胎教：闩闩式 /101
光照胎教：和宝宝买做光敏感游戏 /102
美育胎教：《音乐课》/103
音乐胎教：《爱之梦》/104
胎教故事：《真假小白兔》/105

第8节 孕8月 能区分白天和黑夜了 /106
营养胎教 /107
情绪胎教：正确面对产检结果 /109
运动胎教：蹲式 /110
手工胎教：折纸葫芦 /111
美育胎教：《摇篮》/113
胎教故事：《豌豆上的公主》/114

第9节 孕9月 反应越来越敏捷了 /115
营养胎教 /116
情绪胎教：应对不良情绪 /118
语言胎教：准爸爸科普 /119
运动胎教：平躺促膝运动 /120
胎教故事：《拔萝卜》/121

第10节 孕10月 胎宝宝已经准备好了 /122
营养胎教 /123
情绪胎教：缓解产前焦虑 /125
运动胎教：练习拉梅兹呼吸法 /127
手工胎教：袜子娃娃 /129
音乐胎教：《糖果仙子之舞》/130
胎教故事：《小绿灯》/131

专题 陪妻子做个分娩预演 /132

下 篇

第1章 抚触按摩基本知识

第1节 抚触的作用 /136
第2节 抚触时机的选择 /137
抚触前的准备 /137
抚触时间和环境 /137
第3节 抚触的注意事项 /138

第2章 日常抚触手法

第1节 基本抚触手法 /140
推法 /140
揉法 /141
摩法 /141
按法 /141
搓法 /142
运法 /142
拿法 /142
擦法 /143

叩法 /143
掐法 /143
抖法 /143
第2节 头面部抚触 /144
眉部抚触 /144
鼻部抚触 /145
第3节 胸部抚触 /146
胸部抚触 /146
扩胸运动 /147

第 4 节　腹部抚触 /148
腹部抚触 /148
腹部画字母 /149
第 5 节　上肢抚触 /150
手心抚触 /150
手背抚触 /151
手指抚触 /152
按揉合谷 /153
搓手臂 /154
手臂运动 /155
第 6 节　下肢抚触按摩 /156
按揉足三里 /156
按揉丰隆穴 /157
腿部抚触 /158

膝关节伸屈 /159
双腿上举 /160
腿部环转运动 /161
第 7 节　背部抚触按摩 /162
推脊 /162
按揉脾俞 /163
按揉胃俞 /164
按揉肾俞 /165
第 8 节　脚掌抚触按摩 /166
足心抚触按摩 /166
按揉涌泉 /167
足背抚触 /168
足趾抚触 /169
专题　抚触健体操 /170

第 3 章　解决问题的抚触按摩手法

第 1 节　改善睡眠 /176
第 2 节　促进消化 /177
基本手法 /177
配合抚触按摩手法 /178
第 3 节　缓解长牙不适 /179
宝宝长牙，牙龈常会出现不适 /179
按揉颊车，缓解宝宝长牙疼痛 /179
专题　婴儿苏醒操 /180
附录　宝宝身上的特效穴位 /182

上篇

第 1 章

胎教的意义

第1节 什么是胎教？

胎教的缘起

我国很早就开始有胎教一词，它最早出现于汉代。那时胎教指的是孕妇必须遵守的道德、行为规范。

古时候的人认为，胎儿在母亲的体内就能感受到母亲的情绪、言行等，并且受到影响，因此孕妇宜谨守礼仪，给胎儿以良好的影响，称之为胎教。《大戴礼记·保傅》记载，周成王的母亲在怀孕时，站有站的样子，坐有坐的样子，独居一处时也不懈怠放任，发怒时也不骂人，这就称为胎教。

刘向《列女传》记载，文王生下来就非常聪明，学习能力很强，大家认为这就是施行胎教的结果。可见古人对胎教的重视。用礼教的规范来约束自己的一举一动，从而对胎儿产生良好的影响。

? 你知道吗

古代的胎教思想

- 调情志：孕妈妈宜心情愉悦，心胸开阔，遇事乐观。
- 慎寒温：孕妈妈应避免风寒侵袭或忽冷忽热。
- 节饮食：孕妈妈宜食用营养丰富而易于消化的食物，忌食辛辣、生冷食物。
- 慎起居：孕妈妈宜起居有序，劳逸适度。
- 远房事：孕期节制性生活，以免伤胎。
- 美环境、悦子身：要多处于美好的环境当中，多接触美好的艺术作品。
- 戒酒浆：古人指出酒能伤胎，宜戒为佳。
- 避毒药：孕期应减少不必要的服药。
- 慎针剂：忌针灸穴位，避免引起流产与早产。
- 安待产：临产时应安详、镇静，莫恐慌，以减少难产发生的概率。

正确理解胎教

· 广义的胎教和狭义的胎教

1. 广义的胎教

广义胎教也称"间接胎教",指为了促进胎宝宝生理和心理的健康发育,同时确保孕妈妈能够顺利地度过孕产期所采取的精神、饮食、环境、劳逸等各方面的保健措施。没有健康的母亲,就不会生出强壮的宝宝,所以孕妈妈保持生理和心理上的良好状况对胎宝宝有很重要的意义。

2. 狭义的胎教

狭义胎教也称为"直接胎教",是根据胎宝宝各感觉器官发育成长的实际情况,有针对性地、积极主动地给予适当合理的信息刺激,使胎宝宝建立起条件反射,促进其大脑功能、躯体运动功能、感觉功能等神经系统功能的成熟。

换言之,狭义胎教就是在胎宝宝发育成长的各时间段,科学地提供视觉、听觉、触觉等方面的教育,如光照、音乐、对话、拍打、抚摸等,使胎宝宝大脑神经细胞不断增殖,神经系统和各个器官的功能得到合理的开发和训练,最大限度地发掘胎宝宝的智力潜能,达到提高素质的目的。

所以,胎教是临床优生学与环境优生学相结合的具体措施,它会影响胎儿以后的身心和智力的发展,准爸爸和孕妈妈从现在起就应重视胎教。

· 如何正确理解胎教

胎教包括孕妈妈和胎宝宝两个方面,有健康的孕妈妈才能孕育出健康的宝宝。有时候,人们过于重视胎宝宝,反而忽略了孕妈妈的感受。其实,孕妈妈的身心健康就是对胎宝宝的最佳胎教。

胎教强调的就是女性在怀孕期间,将身体各个部分都调整到最佳状态,并给予胎宝宝适当的刺激,以期能生出聪明健康的宝宝。由此可知,胎教应该列入优生保健的范畴,而不是教育学范畴。

第2节 胎教的益处

胎教对胎儿的好处

·胎教可以激发胎宝宝的潜能

胎教对人一生的健康有着很重要的作用，对胎宝宝的发育非常有益。

1. 胎教对胎宝宝智力的影响

调查显示，人类的智力受遗传因素的影响，与胎内环境也有很大关系。这就说明，进行有效的胎教对胎儿和宝宝的健康成长非常有帮助。

接受过胎教的宝宝学习兴趣较浓，学习汉字的能力惊人，容易接受新的知识；宝宝的记忆力较同龄的孩子好，记忆的速度也较快；对陌生的环境好奇心强；说话的时间较早，语言能力较强，5~6个月时便可以发出声音来表达意愿；眼睛明亮，视听能力强；感觉系统发育较早，吸吮手指的能力、手的握力和四肢运动的能力强，动作协调性好，在被扶起坐立时颈部肌肉张力较好。

2. 胎教对胎宝宝情商的影响

研究表明，接受过胎教的宝宝性格活泼，喜欢与人接触，与未接受过胎教的宝宝相比，较早学会笑，对别人的表情和语言的理解能力也较强，并且喜欢表现出与人的互动；情绪较稳定，容易被安慰，适应环境能力强，很少无故哭闹，容易养成规律的生活习惯，让父母更加省心。

·胎教影响胎宝宝的健康

胎教在一定程度上决定着宝宝出生后的健康状态，孩子一生的体质甚至都受到胎内环境的影响。

所以，孕妈妈的健康是对胎宝宝的最好胎教。如果女性在怀孕前和怀孕期间将身体的各个部位调整到最佳状态，为胎宝宝的生长营造良好的胎内环境，那么对胎宝宝一生的身心健康都有显著的影响。如果想要生个健康的宝宝，并让他幸福健康地成长，孕妈妈就不能马马虎虎地应付胎教。多花一些精力就能为宝宝的一生带来益处，难道不是很值得吗？

胎教对孕妈妈的好处

40周的孕期，孕妈妈要为胎宝宝付出很多，但是在这个过程中，胎教会带给你很大的益处，让你成为一个内外兼修的美丽女人。

1. 提高个人修养

胎教强调孕妈妈的言行对胎宝宝的影响，孕妈妈的生活习惯能引导胎宝宝养成一些习惯。养成好的习惯会使人终身受益，一旦养成坏习惯则很难改正。因此，胎教要求孕妈妈对生活习惯、兴趣爱好等都进行调整，以便给胎宝宝进行良好的言传身教。孕妈妈不妨利用这个机会，丰富自己的知识，修身养性，变身为一名温文尔雅的魅力女性。

2. 培养兴趣爱好

孕妈妈在怀孕前，生活围着工作转，难免单调乏味。当孕妈妈怀孕后，生活范围受到局限，在家的时间多了，可以发展多种兴趣爱好，或者深入钻研一种爱好，例如看书、绣十字绣、绘画、种花等。这些活动在丰富孕妈妈业余生活的同时还能起到胎教的作用，而且使孕妈妈的脑部时刻保持灵活运作。使心情保持舒畅，还有助于分散注意力，减轻妊娠不适反应。

3. 搭建与宝宝爱的桥梁

胎教是孕妈妈和未见面的胎宝宝之间爱的沟通。宝宝出生后，这种爱依然会存留在双方的记忆里，长久地影响着母子之间的关系，并对胎宝宝的性格形成起到积极的作用。

第 3 节
胎教的科学依据

科学研究表明,胎宝宝具有很多出人意料的本领,他们对于来自母体的各种信息具有非常敏锐的感知能力,并且能够将其转化为记忆。因为胎宝宝与孕妈妈血脉相通,时刻依靠连接母体的胎盘获得养分,所以孕妈妈体内的激素和其他化学成分的变化必然会影响胎宝宝的生理活动。

胎宝宝不同阶段的神奇本领

孕期阶段	生理特点
孕 1 个月	受精卵细胞分裂,胚泡形成,并进入子宫内膜
孕 2 个月	胎宝宝的神经管、脊椎、体节等开始形成,并分化为各个器官
孕 3 个月	胎宝宝初具人形,皮肤有了感觉,对皮肤进行刺激,能促进大脑发育。另外,胎宝宝会吸吮自己的手指
孕 4 个月	胎宝宝的小耳朵可听到子宫外的声音,当听到巨大的声音时,他会感到吃惊
孕 5 个月	胎宝宝具有了记忆能力,当胎宝宝反复听到母亲的声音时,就能辨别这种声音,由此产生安全感
孕 6 个月	胎宝宝开始有了嗅觉,在羊水中的胎宝宝能嗅到母亲的气味,从而将其记忆在脑中
孕 7 个月	胎宝宝的视觉进一步发育,可开闭眼睑;对声音会表现出喜欢或讨厌的情绪
孕 8 个月至出生	胎宝宝能听出音调的高低和强弱;味觉系统已较发达;当子宫收缩或受到外界压迫时,胎宝宝会猛踢子宫壁进行抵抗;胎宝宝和妈妈的感情息息相关,能感受到妈妈的情绪

胎宝宝脑部成长全记录

① 孕1个月
胚胎在第4周初就会形成管状的神经管，神经管头端会变厚，形成3个膨大物，称为脑泡。

② 孕2~3个月
3个脑泡逐渐发育为端脑、间脑、中脑、后脑、末脑，并演变发展为脑的各个部分。

③ 孕4~5个月
此时的胎宝宝脑部迅速发育，端脑会逐渐变大而形成大脑半球，同时脑部的神经系统也开始发育，出现感受触觉和气味的感觉区。另外，大脑内部也开始形成各种感受区。脑的表面尚未产生褶皱。

④ 孕6~7个月
脑细胞逐渐分化，大脑半球表面开始发育，包裹间脑和小脑而形成大脑皮质。大脑皮质中前方的皮质特别厚，形成额叶，听觉和视觉的神经回路也逐渐形成。

⑤ 孕8~9个月
胎宝宝的脑部发育完成，大脑皮质的细胞分裂已达到高峰，表面皱褶也基本形成。

⑥ 孕10个月
脑的重量约400克，神经元约有1000亿个。此后，神经元数量不会再增加。这时脑部开始髓鞘化，神经胶质细胞开始增加，脑部逐渐发达。

左右脑开发从胎教开始

我们知道左脑和右脑有着完全不同的机能。左脑掌管语言,右脑掌管图像。

左脑记忆是语言性记忆,记忆容量小,速度慢,马上就会忘记,会随着年龄的增大而衰退。右脑记忆是图像性记忆,记忆容量大,速度快,可以随时再现,具有后天开发的可能性。

右脑具有与左脑不同的五感,右脑决定人的感悟预知能力。在胎儿期,右脑的共振共鸣能力最强,通过共振共鸣,将事物所包含的信息全都转变为图像来记忆与传递。因此胎儿期是人一生中感悟能力最为出色的时期。孕妈妈需要抓住这一时期,及时对胎宝宝的左右脑进行开发。

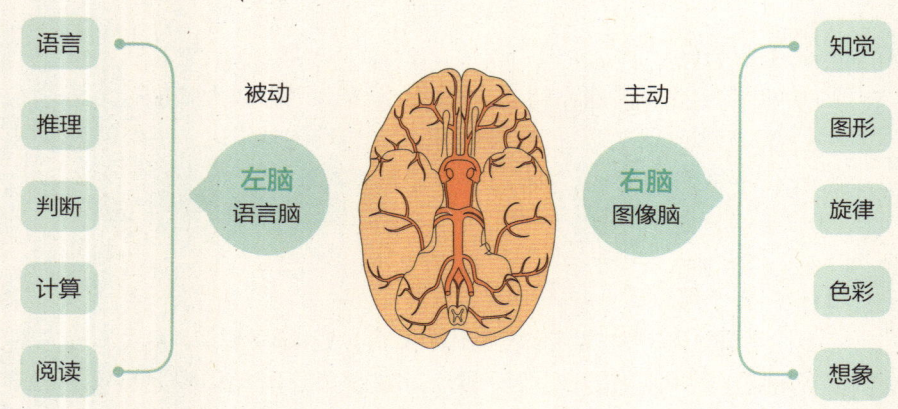

· 胎宝宝也是有视觉的

研究表明,从怀孕第 5 个月起,胎宝宝就对光线十分敏感。孕妈妈在晒太阳的时候,胎宝宝能够感觉到光线的强弱变化。当然,胎宝宝的视觉能力仅仅可以达到分辨亮光的程度。

胎宝宝在 7~8 个月时,会出现开闭眼睑的动作。当一束光照在孕妈妈的腹壁,胎宝宝不仅会睁开眼睛,还会把脸转向有光亮的方向。他看见的是一片红红的光晕。当光线一闪一灭地照射孕妈妈的腹部时,胎宝宝的心率会随其出现明显的变化。这就说明，胎宝宝是有一定的视觉能力的，通过不刺眼的柔和光线，有节奏地进行明暗刺激，可以提高胎宝宝对光的敏感性，并能促进其大脑发育，还有利于形成昼夜节律。

• 胎宝宝能听到声音

研究表明，4个月的胎宝宝就有了听觉，能听到孕妈妈子宫血管里的血流声、肠道中的咕噜声，以及外界的说话声、音乐声、打雷声等。

6个月时，胎宝宝的听力几乎和成人差不多，外界的声音都可以传到子宫里，胎宝宝不仅可以对其进行大致的区分，甚至对有些声音的记忆能够留存到新生儿时期。由于胎宝宝在子宫里时就记住了爸爸妈妈的声音，所以在出生后，要是你继续和他说话，他就会有明显的反应。

还有研究表明，胎宝宝喜欢轻柔、舒缓的声音，爸爸妈妈的讲话声、唱歌声和柔和的音乐声对胎宝宝的脑部发育都很有利，而强烈的噪音则会让胎宝宝反感。

• 胎宝宝会对触觉有反应

胎宝宝的触觉发育较早，当胎动出现时，隔着母体触摸胎宝宝的身体，胎宝宝就会有反应。也就是说，在怀孕期间适当抚摸胎宝宝，对胎宝宝的触觉潜能开发有益。

• 胎宝宝具有非凡的记忆力

美国心理学家约翰·古德曼通过对胎儿的长期研究发现，胎宝宝在3周后就有了反应力，而人体中最关键的神经系统也是在这个时候形成的。

胎宝宝长到6个月时，就开始对音乐和噪音有反应，并且会区分声音的"好"与"坏"。比如，当父亲对着胎宝宝说话的时候，胎宝宝本能地转向父亲发出声音的那一边。当听到噪音时，胎宝宝就会转到另一边去，并且还会用两只小手捂住耳朵。

另外，心理学家们通过研究还发现，如果对着胎宝宝讲故事，当宝宝出生后再讲同一个故事的时候，他们会很快记起来。

第 4 节

胎教要据胎宝宝的发育进行

传统胎教强调从孕前就要开始

很多年轻父母认为,胎教在怀孕 40 周当中做好就行。其实并非如此,比这更重要的是怀孕前的胎教。传统胎教法强调交合的时间和场所的重要性,甚至讲究择偶时就要为下一代考虑,要选择形象、教养、性格气质、思想道德、健康状况等都比较好的对象。只有新鲜的卵子和元气旺盛的精子结合,才能生出具有健康体魄和优秀才能的孩子。

妊娠是精子和卵子结合,精子和卵子的发育和成熟在此之前就已经开始。科学研究显示,精子从精细胞分裂、形成到成熟大概需要 90 天,要使得精子质量最佳,孕育出健康的后代,那么胎教需要在孕前 3 个月时就开始。女性子宫内的温度、压力决定胎宝宝的生长环境,良好的环境需要提前创造。

因此,夫妻从决定要宝宝的时候起,就应该为了给宝宝最棒的遗传基因而努力。

? 你知道吗

计划怀孕后应遵循的 10 条黄金法则

- 戒除烟酒等对胎宝宝会产生危害的行为;
- 不要乱服药物;
- 坚持散步、跑步、游泳、骑自行车等运动以增强体力;
- 吃好一日三餐,均衡摄取各种营养;
- 保持有规律的作息习惯,保证充足的睡眠;
- 夫妻之间相亲相爱,不要争吵;
- 设想怀孕后可能会遇到的困难和问题,夫妻共同商量好对策;
- 就遗传问题咨询专家的意见;
- 制订好家庭计划,调节好健康状况;
- 学习分娩、胎教、育儿的相关知识。

依据胎宝宝的发育进行胎教

　　胎宝宝发育到第4周初形成神经管,之后逐渐建立神经系统;第8～12周时,胎宝宝有了触觉反应,这时可以通过轻轻拍打、抚摸母体腹部来促进胎宝宝感知系统的发育;第12～15周时,胎宝宝有了自己的情感,能够同时感受到妈妈的喜怒哀乐;第16～19周时,胎宝宝的听力形成,能听到妈妈唱歌的声音,也能听到妈妈心跳和血液流动的声音;第20周时,胎宝宝有了视觉感知,逐渐能对外界光线做出反应。从胚胎形成到婴儿出生,胎教要根据胎宝宝的发育状况有针对性地进行,才能达到最理想的效果,否则很可能适得其反。

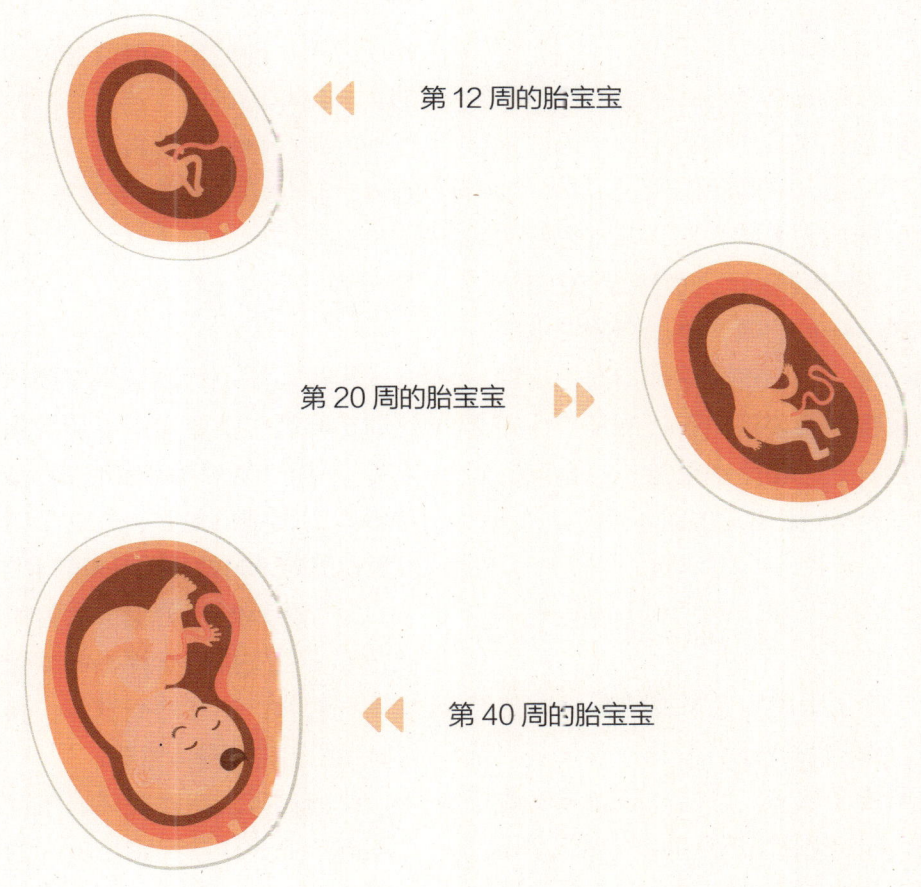

第12周的胎宝宝

第20周的胎宝宝

第40周的胎宝宝

第5节

胎教不是孕妈妈一个人的事

从决定孕育宝宝的时候起，夫妻两人就负有共同的责任了。胎教中，准爸爸自然是不可缺少的角色。妻子在有了宝宝以后，身体和心理上都会发生一些不小的变化，有准爸爸相伴左右，给予支持和关爱，助孕妈妈一臂之力，胎教无疑会进行得更好。在达到胎教目的的同时，还能增进夫妻感情，可谓一举多得。为此，准爸爸可以从以下这几方面努力：

跟胎宝宝多说话

虽然准爸爸与胎宝宝的接触机会不如与胎宝宝血脉相连的孕妈妈那样多，但是，常跟胎宝宝说说话，或者轻轻抚摸妻子的腹部，都是很好的胎教手段。也许是因为男性特有的低沉、宽厚、粗犷的嗓音更适合胎宝宝的听觉功能，所以每当这种声音出现时，胎宝宝都会表现出积极的反应。知道了这一点，相信准爸爸一定会意识到自发参与胎教活动的重要性。

丰富孕妈妈的业余生活

除了跟胎宝宝多交流外，准爸爸可以做的胎教还有很多，最简单的就是陪妻子散步。可以一同到环境清新的公园、树林或田野散步，做做早操，或在周末的下午晒晒太阳。准爸爸还要用幽默的语言让孕妈妈快乐起来。除此之外，准爸爸还可以通过多种活动来丰富孕妈妈的生活，让胎教活动更加有趣。例如一起去听音乐会、看画展、看电影、下棋、阅读等。

承担更多的家务

孕妈妈怀孕后，身体需要休养，这时，准爸爸就要义不容辞地挑起做家务的担子。随着胎宝宝的不断成长，孕妈妈的腹部日益膨大，这个时候，准爸爸就要开始做后勤保障的工作了。

为了孕妈妈和胎宝宝的健康，准爸爸要妥善安排好孕妈妈的饮食，仔细挑选食物，注意均衡营养，满足孕妈妈和胎宝宝的身体需要。

准爸爸可以把家庭环境布置得更加温馨舒适，让孕妈妈在良好的环境中保持愉快的心情。

做点"自我牺牲"

怀孕期间,孕妈妈的抵抗力较弱,患上任何一种疾病都可能对胎宝宝不利。如果准爸爸得了传染病,也会间接危及胎宝宝。所以,无论是准爸爸还是孕妈妈,在疾病流行的季节,都应该少去公共场所。准爸爸一旦得了传染病,要自觉与孕妈妈隔离。

二手烟对胎宝宝的危害很大,如果孕妈妈生活在烟雾缭绕的居室环境中,不仅会从呼吸道吸入大量的一氧化碳,而且香烟中的尼古丁还会通过皮肤、黏膜进入母体,从而祸及胎宝宝。为了孕妈妈和胎宝宝的健康,准爸爸尽量不要吸烟。

在怀孕初期和后期,准爸爸要抑制性冲动。因为如果孕妈妈处于性高潮,就会有强烈的子宫收缩,这会加大妊娠中断的危险。

家庭成员之间要配合好

在胎教实施的过程中,虽然胎教不是孕妈妈一个人的事,但最好也不要发生爷爷奶奶、外公外婆、叔叔小姑等都要占据主导地位的现象,大家都想顺着自己的思路来实施胎教,其实这大可不必。胎教需要尊重科学,否则会导致盲目施教。

在胎教的过程中,宝宝父母的意见是最重要的,因为实施胎教的最基础条件之一就是根据父母的特长和优势来进行。例如,有音乐天赋的父母可以多给胎宝宝唱歌或演奏乐曲;有文学天赋的父母平时可以多诵读一些优美的诗文;有美术特长的父母则可以教胎宝宝欣赏画作,或者干脆亲自动手为胎宝宝画一幅画……

第6节
常见的胎教误区

胎教让自己的宝宝比别人聪明

很多父母实施胎教时,都带有望子成龙、望女成凤的迫切心情,甚至想培养出神童。认为IQ指数高的孩子才能进入好的学校,获得体面的工作和不错的收入,生活得更加轻松自如。但事实并非如此简单。

胎教刺激也的确能为胎儿的发育营造良好的环境,使胎儿更灵敏、发育更快。但是,这不等于造就了比其他孩子聪明的"神童"。"天才"受多种因素影响,除了胎教外,还包括遗传和后天教育。胎教只是为胎宝宝成才奠定良好的基础。

听音乐就是胎教

很多准爸妈认为胎教就是给胎宝宝听音乐,比如听古典音乐、民歌、戏曲等。适当听音乐是正确的,但是也要讲究内容和方法,除了选择适当的音乐和控制听音乐的时间外,还要注意音量大小。

除了音乐胎教以外,胎教还包括运动、营养、美术、光照、图形卡片等内容,从怀孕前的准备,到情绪的调节,再到散步、和胎宝宝说悄悄话等,都是胎教的内容。

胎教没什么用处

有人不了解胎宝宝的发育情况,认为胎宝宝没有接受胎教的能力,其实这种想法是不对的。胎宝宝在4个月时就具备了全方位的感知能力,根据胎宝宝各个时期的发育特点,有针对性地、积极主动地给予各种信息刺激,能够促进其身心的健康发育,为其出生后的早教奠定基础。

第2章

常用的胎教方法

第 1 节

胎教可以有多种形式

胎教是自由的，采取何种形式并不是最重要的，只要形式安全，能够让孕妈妈平静、愉悦，能与胎宝宝产生情感和心灵上的沟通和互动，就是好的胎教。在本书中，我们提供了很多的胎教素材，孕妈妈可以按照自己的习惯和喜好从中选择，也可以发挥想象，用自己的方法与胎宝宝交流互动。

平静状态是胎教的好时机

孕妈妈在平静状态下进行胎教，效果是最好的，这时候孕妈妈与胎宝宝的互动和交流不受干扰。孕妈妈在平静状态下，而胎宝宝处于醒着的情况下，孕妈妈可以随时把自己看到的、听到的一切与宝宝分享，可以放一首喜欢的音乐，可以做一做手工，这些都是很好的胎教。

愉悦本身就是最好的胎教

愉悦的情绪，能够使机体血液中的氧气充足，也有利于妈妈和宝宝保持平静、放松的状态。在这种情况下，胎宝宝更愿意接触外面的世界，也更具好奇心。

相反，孕妈妈若经常处在紧张、忧伤等情绪当中，生出的宝宝也容易出现身体功能失调、躁动不安、易受惊吓等问题。

随时关注胎宝宝

胎宝宝是有感知、有情绪的生命体，渴望得到爸爸和妈妈的关心。因此，准妈妈、准爸爸要让宝宝感受到你们在关注他。早上跟他打声招呼，晚上跟他道声晚安，要让他随时感受到你们的爱。

胎宝宝喜欢重复

和刚出生的孩子一样,胎宝宝也很喜欢重复,所以在和宝宝聊天时,在听音乐、讲故事时,都尽量选择宝宝熟悉的内容,这样胎宝宝会更有兴趣。

虽然胎教不拘泥于形式,但为了孕妈妈更好地了解各阶段的胎教内容,我们将胎教分为营养胎教、情绪胎教、语言胎教、运动胎教、美育胎教等多种形式,这些胎教方法不是截然分开的,往往是相互联系的。比如说,给胎宝宝朗读一首散文,能对宝宝的听觉器官产生良性刺激,是一种语言胎教;孕妈妈在诵读过程中,将散文所描写的内容映入脑海,传递给胎宝宝,这又是一种美育胎教;孕妈妈在朗读过程中,保持平静和愉快的情绪,对宝宝的情绪产生良性影响,这就是一种情绪胎教。也就是说,这几种胎教更像是胎教的不同层次,就看孕妈妈和准爸爸的用心程度了。

妈妈经验谈

用胎教缓解孕期不适

芳芳怀孕1个月就出现明显的不适,食欲不振,恶心呕吐。家人很担心她会流产,多次带她去医院检查。医生建议她进行有规律的胎教以分散注意力。

此后,芳芳每天都坚持进行各种胎教,两周后,妊娠反应明显减轻,胃口也好了。胎教对缓解不良情绪和妊娠反应起到了积极的作用。

第 2 节

营养胎教

营养胎教也称饮食胎教,是根据孕早期、中期、晚期 3 个阶段胎宝宝的发育特点,指导孕妈妈合理摄取食物中的蛋白质、脂肪、碳水化合物、矿物质、维生素、水、纤维素等营养素,从而促进胎儿的生长发育。

营养胎教的重要性

胎宝宝的成长发育过程全依赖于母体的营养供应,因此孕妈妈均衡而充足的营养摄取对胎宝宝的健康发育非常重要。

同时,营养胎教对胎宝宝的大脑发育起着关键的作用。胎儿大脑的良好发育必须具备以下 3 个条件:

1. 大脑细胞的数目要多;
2. 大脑细胞的体积要大;
3. 大脑细胞间的相互连接要多。

这 3 方面都是必不可少的。根据人类大脑发育的特点,脑细胞分裂活跃期又分为 3 个阶段:妊娠早期、妊娠中晚期的衔接时期和出生后的 3 个月内,营养胎教在这 3 个阶段是至关重要的。

营养胎教的好处

·为胎宝宝补充营养

给胎宝宝进行营养胎教时,孕妈妈要注意饮食的均衡和全面,避免胎宝宝出现营养缺乏或营养不均衡的现象。科学合理的饮食,可以为胎宝宝提供生长发育所需要的各种营养,避免流产、早产等现象的发生,保证胎宝宝大脑正常发育,并储存足够多的铁和钙,避免出生后患缺铁性贫血和佝偻病。同时,可以让宝宝尽早适应各种食物的味道,培养宝宝对健康食物的兴趣。

避免骨骼发育不良

孕妈妈进行营养胎教,有意识地补充富含钙元素的食物,在满足自身需要的同时,又可避免宝宝的骨骼、牙齿发育不全。

避免体重异常

孕妈妈通过营养胎教控制体重。要改掉暴饮暴食和偏食挑食的毛病,避免出现营养不良或体重增加过快的情况,这样既能够满足胎宝宝的需求,也可避免胎宝宝因营养过剩而出现体重异常的情况。

为分娩储蓄能量

孕妈妈及时补充营养,能够为分娩储备能量。等到分娩时刻到来,孕妈妈能更加顺利地生出宝宝。

为哺乳打下基础

产后母乳的多少,与孕期的营养状况直接相关。为了让宝宝在出生后有充足的母乳,孕妈妈一定要注意补充营养。

避免缺乏维生素

孕妈妈体内的维生素主要来源于蔬菜和水果,营养胎教可引导孕妈妈科学地补充维生素。

避免孕期疾病

如果孕妈妈在孕期饮食不当,大量摄入肉类、高蛋白食物,容易发生孕期高血压、糖尿病和动脉硬化等严重疾病。

重要营养素需求情况

蛋白质
促进组织修复，预防贫血

需求情况及来源

1. 孕妈妈在孕期需要比平日多补充20%的蛋白质。
2. 可以从海产品、肉类、蛋类、豆类、奶类等富含蛋白质的食物中摄取。

叶酸
防止胎宝宝出现神经管缺陷

需求情况及来源

1. 孕期需要的叶酸是平日的3倍。
2. 绿叶蔬菜、香蕉、动物肝脏、瘦肉、蛋黄等食物富含叶酸。也可以每天补充1粒0.4毫克的叶酸片剂，或额外添加含叶酸的孕妇奶粉。

铁
通过血液向胎宝宝运输营养成分

需求情况及来源

1. 怀孕中期和后期可在医生指导下适当地补充铁剂。
2. 富含铁质的食物有肉类、动物肝脏、豆类、谷类、奶类、贝类、坚果、深绿色蔬菜等。

DHA
促进胎宝宝脑部和眼部发育

需求情况及来源

DHA（二十二碳六烯酸）属于脂肪酸，可以从鲭鱼、鲑鱼、鲔鱼、鲱鱼、沙丁鱼、鱼油胶囊中获取。

钙
胎儿的骨骼、牙齿生长有赖于钙质的提供，而准妈妈缺钙则容易出现腰酸背痛、骨质疏松等病症。

需求情况及来源

1. 孕妈妈的钙质摄取量与一般人相同，1天约为两杯牛奶的量。
2. 富含钙质的食物包括奶制品、豆制品、海产品。另外，适度晒太阳可以帮助人体合成维生素D，促进人体对钙质的吸收。

孕期营养与膳食指南

孕期	膳食要点	参考食谱
孕早期 （孕1~3月）	选择容易消化的清淡饮食，如面包、馒头、营养饼干、红薯、粥等； 孕前3个月开始每天补充叶酸400~600微克	早餐：馒头或面包 + 酸奶 + 新鲜水果 加餐：核桃、杏仁等坚果适量 午餐：米饭 + 糖醋鱼 + 清炒西蓝花 + 番茄鸡蛋汤 加餐：水果或酸奶 晚餐：面条 + 胡萝卜炒肉片 + 香菇油菜 + 鱼头豆腐汤 加餐：香蕉
孕中期 （孕4~7月）	孕中期需要根据孕妇的体重增加情况补足能量； 孕中期应增加蛋白质的摄入量，动物蛋白质要占到全部蛋白质的1/2以上； 孕中期是血容量和红细胞增加最快的时期，应补充富含铁的食物，如动物肝脏、肉类、鱼类	早餐：麻酱花卷 + 红豆糙米粥 加餐：酸奶 中餐：米饭 + 清蒸鲈鱼 + 蒜蓉炒莜麦菜 + 鸡蛋炒番茄 + 瘦肉白萝卜汤 加餐：橙子 晚餐：米饭 + 芹菜豆腐干 + 土豆烧牛肉 + 蒜蓉虾仁 + 海带汤 加餐：牛奶 + 面包
孕晚期 （孕8~10月）	增加钙的摄入量； 补充必需的脂肪酸和DHA，以满足宝宝大脑发育的需求； 要增加蛋白质的摄入，以防止产后出血，增加泌乳量； 充足的水溶性维生素是孕晚期所必需的，其中B族维生素尤为重要	早餐：鸡蛋肉丝面 + 菠菜拌猪肝 加餐：牛奶 + 核桃或杏仁 中餐：米饭 + 泥鳅炖豆腐 + 西芹百合 + 蘑菇肉片 + 冬瓜排骨汤 加餐：苹果（或鲜榨果汁） 晚餐：馒头 + 板栗烧白菜 + 三鲜蘑菇 + 青椒肉丝 + 黑豆鲫鱼汤 加餐：酸奶 + 营养饼干

第 3 节

情绪胎教

　　胎宝宝住在子宫里，虽然看不到妈妈的表情，但是能够感受到妈妈的喜怒哀乐。为了宝宝将来的健康和幸福，孕妈妈需要有意识地放松心情、稳定情绪，避免精神紧张等不良刺激，这就是对孩子最好的胎教。

情绪胎教的好处

　　人的情绪变化与内分泌有关，如果孕妈妈在怀孕期间能够保持快乐的心情，宝宝在出生后一般都性情平和，情绪稳定，不经常哭闹，还能很快地形成良好的生活节律，有规律地睡眠、排便、进食等。一般来说，这样的宝宝其智商、情商指数都比较高。另外，孕妈妈身心健康有利于改善胎盘供血量，促进胎宝宝的健康发育。所以，孕妈妈们每天都要保持好心情。

负面情绪对胎宝宝的影响

　　如果孕妈妈长期在紧张或应急状态下，体内会释放一种叫乙酰胆碱的化学物质，促使肾上腺皮质激素的分泌增多。在孕妈妈体内，这种激素随着母体血液经胎盘进入胎宝宝体内，而肾上腺皮质激素对胚胎有明显的破坏作用，影响某些组织细胞的联合。尤其是在怀孕第 7～10 周，不安的情绪会引起兔唇、腭裂、心脏缺陷等畸形。

　　负面情绪释放的有害物质可以使孕妈妈血压升高，发生暂时性子宫-胎盘血液循环障碍，导致胎宝宝暂时性缺氧而影响正常发育。

　　负面情绪可对胎宝宝下丘脑造成不良影响，使胎宝宝日后患精神病的概率增大，即使幸免，往往出生后也会出现体重低、好动、爱哭闹、睡眠不佳等现象。

　　负面情绪使胎儿在出生后经常发生消化系统功能紊乱，患其他疾病的可能性增加，且对环境的适应力差，幼儿时期常常出现行为问题和学习障碍。

负面情绪还能导致胎宝宝在出生后成为"性格异常儿童",表现为挑食、好发脾气、好动,甚至患多动症。

值得推荐的准妈妈快乐法

情绪胎教的目的就是让自己快乐,孕妈妈可以做一些能够愉悦心情的事情,例如,改善生活环境,和知心朋友聊天,做适度的运动,甚至进行短途的旅行等。

当然,生活中难免会遇到不如意的事情,它们会影响孕妈妈的心情。如果出现这种情况,孕妈妈不要苦闷,试着采用以下的方法,调节一下自己的心情,让自己转换情绪。

·排除不必要的担心

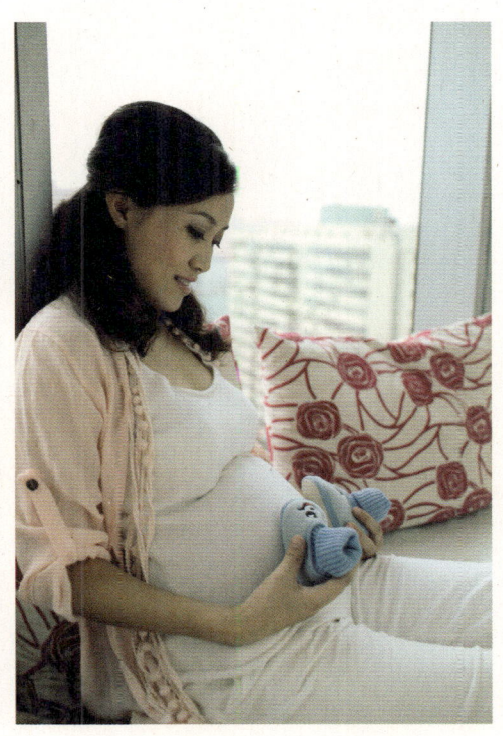

妊娠会给孕妈妈带来许多烦恼,如担心分娩疼痛和难产,担心产后无奶和体形变化等。其实这大可不必,孕妈妈应该清楚地认识到,只要坚持进行必要的孕期日常保健,胎宝宝一定会很健康,通过饮食和运动调节,自己的体质也可以变得更好,还会变得更有女人味。另外,现在的医疗技术水平已经有了很大的提高,孕妈妈应该相信医生,即使发生了一些意外情况,也能够采取及时的措施来保证母子平安。分娩是自然的生理过程,人类一直以来就是用这种方式繁衍,所以你也一定能够顺利分娩。应该以坦然、平静的心态面对生产,这样,胎宝宝在出生的时候也会和你一样勇敢和自信。

• 寄情于艺术欣赏

艺术给人以美的享受，能够使人精神放松，并变得充实。孕妈妈应该多接触艺术，如阅读优质的文学作品，欣赏表现爱与美的绘画作品，观看诙谐幽默的影视作品，聆听优美、柔和的乐曲。

• 转化不良情绪

当孕妈妈在生活中遭遇挫折或者不愉快的事情时，要通过合理的方式进行自我宣泄。转移注意力是一种不错的方法，离开让你感觉不愉快的地方，或者做些能够让你开心的事，如欣赏美景，出去散步，上街购物等，也可以向密友倾诉，写日记，用这些事转化不良情绪。

• 提醒法

要时时告诫自己不要生气、不要着急、不要烦恼、不要悲伤，宝宝和我在一起，我不是一个人，我要坚强一点、宽容一点。

• 控制饮食法

注意不要过多食用肉、鱼、巧克力、甜食等，这些食物如果食用过量，可使血液中儿茶酚胺的浓度升高，使孕妈妈出现烦躁不安、易怒、容易伤感等消极情绪。

• 有助于稳定情绪的呼吸法

当孕妈妈情绪不安时，胎动次数会比平时增加约3倍。如果长期如此，胎宝宝的健康会受到严重影响。这里介绍一种呼吸法，对稳定情绪和集中注意力是比较有效的，孕妈妈们不妨试一试。

身体采取舒适的姿势，或坐或躺，腰背舒展，全身放松，双目微闭，用4~5秒钟的时间缓缓地吸气，让自己有一种将气体储存在腹部的感觉，然后用8~10秒钟的时间呼气，直至出现无意识的深呼吸为止。每天早晨起床时、中午休息前、晚上临睡前各进行1次这样的呼吸，能有效改善妊娠期的焦躁情绪。

第 4 节 音乐胎教

音乐胎教就是通过对胎宝宝不断地传输优良的乐性声波，促进其脑神经元的轴突、树突及突触的发育，为优化后天的智力和发展音乐天赋奠定基础。音乐有时比话语更能直接地触及人的心灵并起到安抚的效果。心理学家认为，音乐能激起无意识、超境界的幻觉，并能唤起平时被抑制了的记忆。当孕妈妈播放喜欢的音乐时，胎宝宝也会跟着津津有味地欣赏，心情也随之愉快起来。

胎宝宝对声音十分敏感

相信不少人会有这样的疑问：胎宝宝真的可以听见音乐吗？答案是肯定的。胎儿心理学认为，胎宝宝在怀孕第 16～19 周时会对响声有所反应。怀孕第 5 个月时，胎宝宝的内耳发育完毕，第 6 个月时胎宝宝就具有了与成人相近的听觉功能。早期的胎宝宝可以听见孕妇响亮的说话声和语句里的爆破音，也可以听见音量较大的音乐。当耳部完全形成之后，胎宝宝对外部声音便可敏感地做出反应。

音乐胎教的好处

·有益于母子健康

音乐胎教的主要作用是让孕妈妈得到美的享受，感到平静与愉悦，并通过神经系统将这种情绪传递给胎宝宝，使其深受感染。生理学家认为，优美的音乐能促使孕妈妈分泌出有益健康的激素和乙酰胆碱等物质，起到调节血液流量和兴奋神经细胞的作用，从而改变胎盘的供血状况，使胎宝宝更健康地成长。但节奏过于强烈的音乐则会使末梢血管收缩，影响胎盘的供血，对孕妈妈和胎宝宝都不利。

·促进胎宝宝脑部发育

人类脑细胞在数量和形态上并不具有个体差异，但脑细胞之间连接通路的多少决定了脑的发育程度。在怀孕 6 个月时，胎宝宝的脑细胞数量已接近成人，这时给予适度刺激就可以使连接脑细胞的通路增多，从而对脑部发育产生明显的作用。

在促进胎宝宝脑部发育方面，听觉起到了 90% 以上的作用。这恰恰证明了音乐胎教的重要性。大脑半球有明确的分工，左半球主管逻辑思维；右半球是"情感半球"，主管形象思维。人在出生后，左脑会比右脑发达，因此在出生前加强右脑开发就显得格外重要。音乐可以刺激右脑半球，只要持续倾听音乐，人的想象力和创造力都会有所提升。让胎宝宝左右脑的发育达到平衡，将会使孩子更加聪明。

·使胎宝宝情绪安定

《纽约时报》曾经刊登过一篇文章，预测音乐将对医学产生巨大的影响。如今，音乐疗法已经兴起。

听音乐可以促进胎宝宝的感官发育和神经发育。

在倾听节奏柔和、旋律优美的音乐时，不仅孕妈妈自己的情绪变得安定，而且孕妈妈还会将这种情绪传递给胎宝宝。当听到让自己感到愉快的声音时，人的大脑就会产生强烈的 α 波，这种电波往往在大脑活性增强时才会发出。这一事实证明了音乐可以起到改善大脑功能的作用。

·加深亲子关系

此外，音乐胎教还可以更加有效地促进胎宝宝与父母之间的情感交流。

音乐引发情感，正向的情感促使生命和谐，只有情感才能让胎宝宝感受到自我的存在。准爸爸也应更多地参与到音乐胎教中，让胎宝宝感受到父母之间的温情。

值得推荐的音乐胎教法

·哼唱

胎宝宝最喜欢妈妈温柔的声音,孕妈妈应该通过歌声把自己对胎宝宝的感情传递出来,让胎宝宝感受到妈妈的爱。准爸爸也可以和孕妈妈一起合唱,一家三口其乐融融,胎宝宝一定会非常喜欢。

·边唱边舞

跳舞可以活跃气氛,还能起到健身的效果,可谓一举两得。孕妈妈可以在播放柔和音乐的同时,踩着节拍跳舞,与准爸爸共舞效果更好。

- **音乐鉴赏**

　　胎教音乐可分为孕妇音乐和胎儿音乐两类。

　　孕妇音乐通常宁静柔和。孕妈妈通过欣赏轻松舒缓的音乐，使自己和胎宝宝安静下来。同时，声波可以直接通过母亲腹壁传入胎宝宝的听觉系统，促进胎宝宝的智力发育。推荐孕妈妈选择那些委婉柔美、充满诗情画意的乐曲。

　　胎儿音乐应该轻松活泼，这样有助于胎宝宝对声波产生良性反应。可将耳机放在孕妈妈的腹部，将音乐通过孕妈妈的腹壁直接传导给胎宝宝，促进胎宝宝脑组织和脑功能的发育。

有效的音乐鉴赏方法

- **在平静、舒适的状态下欣赏音乐**

　　尽管没必要为欣赏音乐进行什么特别的准备，但在欣赏美妙乐曲时需要注意保持舒适的姿势。孕妈妈应该坐在舒服的椅子上或躺在床上，在欣赏音乐的同时放松身心。

- **控制音量**

　　科学研究表明，噪音和突然发出的响声会给胎宝宝带来不良刺激，比如胎宝宝的呼吸会变得不规律，可能还会出现吞咽羊水的动作。胎宝宝最熟悉的是母亲心脏跳动和器官运作的声音，所以我们应该尽可能地把声音的大小调整到与其相近的程度。

- **听音乐要考虑胎宝宝的生活规律**

　　胎宝宝总是在重复睡眠2～3小时后活动约30分钟的规律生活。为了避免过响的声音把睡梦中的胎宝宝吵醒，孕妈妈可以在感受到胎动时听一些轻快的音乐，在胎宝宝沉睡时欣赏较为平静柔美的曲调。孕妈妈还可以自己哼唱一些摇篮曲来增强宝宝的安全感，并借此取得良好的胎教效果。

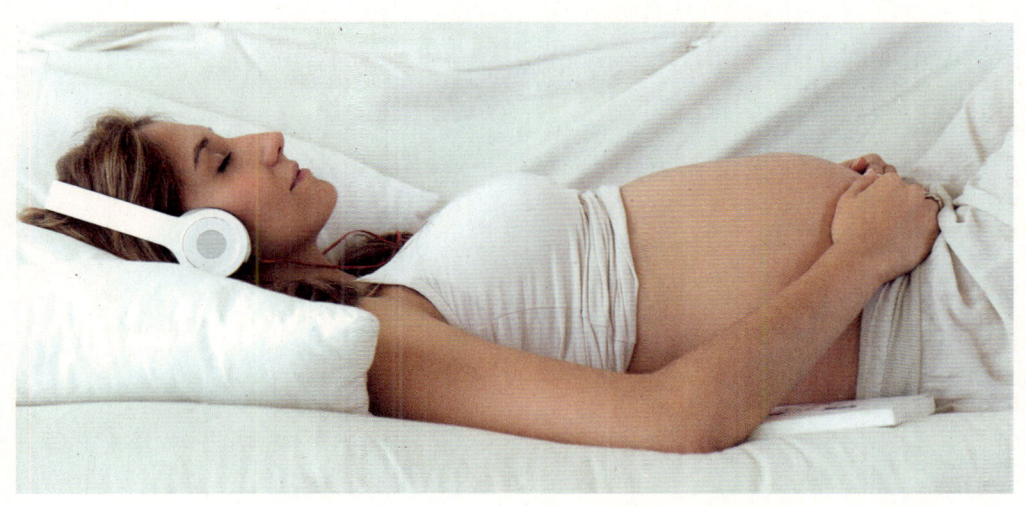

适合孕妈妈听的古典音乐

·适合孕妈妈听的音乐应具备的条件

音乐节奏不能太快，音量不宜太大，曲调不宜过高，乐曲不宜过长，应具有明朗的格调、和谐的旋律。

·古典音乐对胎教的好处

首先，古典音乐的复杂旋律和模式有利于培养胎宝宝和婴幼儿的认知能力。有助于帮助他们随着年龄的增长学习有关科学和语言方面的知识。

其次，经常接受钢琴和交响乐熏陶的胎宝宝和婴幼儿，有较强的时间感和空间感。

适合做胎教的古典音乐

作者	作品	作品介绍
萨蒂	《吉诺佩蒂》（第一号）	这首曲子速度和缓，具有朦胧美，能够缓和情绪，相当适合做胎教音乐
舒曼	《梦幻曲》	这首曲子温馨感人，沉浸其中，犹如回到母亲的怀抱
李斯特	《爱之梦》	这首曲子听起来有种美丽爱情般的梦幻感觉，很适合做胎教音乐
贝多芬	《月光奏鸣曲》（第一乐章）	旋律犹如水波荡漾，蕴含着幻想的气息，适合胎儿聆听
勃拉姆斯	《摇篮曲》	由大提琴改编的版本风格更加柔和，能够缓和情绪，非常适合胎儿或刚出生的婴儿聆听
韦伯	《爸爸的歌》	此曲速度和缓，音乐唯美，展现了父爱的深沉，相当感人，适合做胎教音乐
费尔德	《第四号夜曲》	此夜曲以简短的音符描绘夜晚的浪漫气氛，十分动人
舒伯特	《鳟鱼》（大提琴与钢琴演奏版本）	这首歌描述鳟鱼在清澈的溪水中自在地游来游去的情境，旋律轻快，以器乐改编的版本比较适合用于胎教

第5节 运动胎教

很多孕妈妈在怀孕期间对身体呵护有加，处处小心谨慎，经常躺着或者坐着，时间长了，身体缺乏运动，对胎宝宝并没有好处。适当地进行体育锻炼，并帮助胎宝宝活动，可以为孕妈妈的生活增添活力，促进胎宝宝的生长发育，有利于正常妊娠和顺利分娩。

运动胎教的好处

·促进胎宝宝的身体和大脑发育

孕妈妈在做运动的时候，可以向胎宝宝提供充足的氧气和营养，促使大脑释放脑啡肽等有益的物质，通过胎盘进入胎宝宝体内。孕妈妈的运动还会使羊水摇动，摇动的羊水可刺激胎宝宝全身皮肤，就像在给胎宝宝做按摩。这些都有利于胎宝宝的大脑发育，使胎宝宝出生后更聪明。除此之外，新鲜的氧气还起到维持身体各种功能正常运行并促进胎宝宝正常发育的作用。

·有利于正常妊娠及顺利分娩

适量的运动不仅能够维持孕妈妈的健康，还可以提高顺产的概率，这是因为分娩时起重要作用的腿部肌肉与腰部肌肉可以在运动中得到一定的锻炼。

此外，熟练地运用自然的呼吸方法将增大孕妈妈的肺活量，能够使其更好地战胜阵痛。研究表明，在怀孕过程中保持规律运动的孕妈妈，持续阵痛的时间往往较为短暂，这些孕妈妈通常很少需要进行诱导分娩。

·控制孕妈妈和胎宝宝的体重

肥胖会升高妊娠期高血压疾病的发病率，还会给分娩带来阴影。适当的运动可以减少脂肪细胞，避免孕妈妈过度肥胖，进而降低妊娠期高血压疾病和心血管疾病的发病率，以及巨大儿的出生概率，还有利于产后恢复体形。

·让心情快乐起来

运动会使孕妈妈的体内分泌胺多酚。胺多酚是一种可使人变得心情愉快、内心安稳的激素。孕妈妈腹部肌肉的自然活动还会对胎宝宝起到按摩的效果，也能给胎宝宝带来愉悦的感受。

运动胎教的方法

· 瑜伽

瑜伽能够让紧张的躯体变得柔软而放松，还能使身心进入安定的休息状态，给人带来宁静和平和，对孕妈妈很有益处。女性在怀孕后要经历许多身体和精神上的变化，血液循环量的增加导致心脏负担变重，骨骼与肌肉重量的增长也给关节带来了更多的压力。除此之外，孕妈妈的神经也变得极为敏感，这会导致其很容易发生情绪上的波动，此时进行瑜伽运动，会获得身体和内心的轻松感觉。瑜伽对于提高自然分娩率和加快产后恢复也有着积极的作用。

· 孕期普拉提

普拉提是一种让身体得到全面舒展的运动。它与健美操等其他锻炼方式的不同之处在于，它要求练习者在移动脚步或肩部的时候完全集中自己的注意力。它还强调让横膈进入规律的活动状态，以及掌握正确的呼吸方法，从而使气息变得更加匀称。

坚持练习普拉提可以使全身的骨骼变得更加稳固，并让紧张的肌肉放松下来，从而让身体更加健康。它不仅可以纠正练习者不正确的姿势和习惯，还可以给人的内心带来平和的感觉，所以非常适合孕妈妈练习。

· 游泳

游泳是一种能够发挥水的医疗功效的运动。孕妈妈会感觉到子宫进入一种放松的状态，而胎宝宝也能跟着孕妈妈从水中的状态变换到最为舒适的姿势。进入水中后，孕妈妈身体的自由度会明显增加，甚至能够在泳池里轻松做出平时感觉很费力的动作。

在整个妊娠过程中，孕妈妈可以练习不同的瑜伽姿势，但必须以个人的舒适度为准，与身体状况相协调。在练习时，如有不适感，马上请教你的教练调整，不要在意其他人的体位程度，要集中精力关注自己

第6节 语言胎教

语言胎教是指孕妈妈和准爸爸通过与胎宝宝进行谈话来促进与胎宝宝之间的感情，使胎宝宝在语言、智力方面更加优秀。饱含爱意的话语，可以让胎宝宝情绪安定，甚至还会对胎宝宝出生后的性格产生影响。所以，试着对宝宝敞开心扉，说说你想说的话。

如何让语言胎教效果更好

· 给胎宝宝起一个可爱的小名

刚开始对腹中的胎宝宝说话，可能会觉得不太自然，就像自言自语一样。尤其是不知如何称呼宝宝，如果叫"孩子"，会显得生硬，不够亲切。不如给他起一个可爱的小名，叫着他的名字，接下来的过程就会轻松许多。但名字最好不要有性别倾向，因为这代表了父母对宝宝真实性别的尊重态度。

· 画出胎宝宝的小脸作为谈话对象

如果觉得一个人说话还是有些放不开，可以把想象中宝宝的小脸画出来，当成谈话的对象，这样可以让孕妈妈感觉宝宝就在面前，谈起话来也更加自然。

孕妈妈可以采取舒适的坐姿，看着宝宝的画像娓娓道来，这样母亲平和安定的情绪就能够传递给胎宝宝。

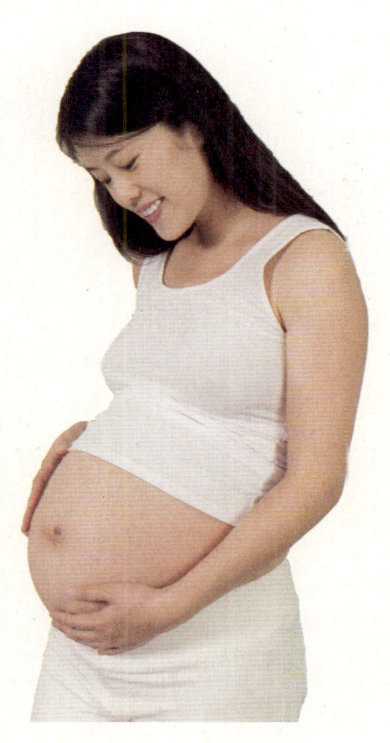

·一边谈话一边听听音乐

在谈话的同时，播放一首你最喜欢的音乐，然后从与音乐相关的事情聊起，这样就能够非常自然地进入胎教的状态中。在欣赏音乐的同时，孕妈妈可以把自己对音乐的理解讲述给胎宝宝听。

·给胎宝宝讲故事

选择好的童话故事，然后用谈话的口吻把它读给胎宝宝听。讲故事的时候，一定要想象宝宝就在自己身边。给胎宝宝讲童话故事的好处是使胎宝宝的记忆力和智商得到提高，但这一过程需要注意，不要讲得过于平淡，要让自己的声音始终饱含丰富的感情，能够吸引住胎宝宝的注意力。

从怀孕第 16 周开始，胎宝宝的听觉就开始明显发育，并逐渐成为五感当中最为敏锐的一感，因此给胎宝宝读童话故事就变得更加重要。即使不读童话故事，也可以选择一两篇自己喜欢的小说或散文读给胎宝宝听，读的时候也应该饱含感情。

? 你知道吗

怎样给宝宝讲故事

随着宝宝身体功能的一天天完善，孕妈妈对外界事物的感受会巧妙转化为教育因子，对宝宝产生影响。因此，孕妈妈要多同宝宝交流，给宝宝营造一个充实的、丰富的精神世界。给胎宝宝讲故事就是胎教不可缺少的内容。

选故事书：孕妈妈可以选择色彩丰富、富于幻想、语言简单的书，如幼儿画册能激起孕妈妈的想象，给孕妈妈带来舒适和愉悦感。

讲述时要充满感情：孕妈妈最好能将故事内容转化为自己脑中的一个个形象，有感情地、形象地传达给宝宝，而不是照本宣科。

胎教故事以温馨为主：给宝宝讲的故事最好是温馨感人的，或将残酷和恐怖的场面删去。宝宝可以在以后的人生路上慢慢学习分辨善恶。

•准爸爸要让胎宝宝多听听自己的声音

准爸爸的声音对胎宝宝有着特殊的吸引力，所以，在空闲下来的时候，准爸爸应该积极地让胎宝宝听一听自己的声音，培养起与宝宝更加深厚的感情。在怀孕期间，如果准爸爸坚持不懈地与胎宝宝交谈，胎宝宝出生后就能分辨出父亲的声音。

准爸爸可以一边抚摸胎宝宝一边跟胎宝宝说话，让胎宝宝熟悉自己的声音，培养和宝宝之间的深厚感情

语言胎教宜忌

•语言胎教开始得越早越好

应该什么时候开始进行语言胎教呢？专家对此有着不同的见解。有人建议从胎宝宝听觉器官开始形成，即怀孕第 3 个月做起，也有人认为要等到第 5 个月以后，在胎宝宝可以听见外界声音并发生胎动的情况下再进行谈话才有效果。

实际上，根据准爸爸和孕妈妈自己的想法来决定开始语言胎教的日子才是有益的。此外，另一条原则是越早开始越好。这是因为语言胎教不仅能够帮助胎宝宝，而且对孕妈妈也是有好处的。即使胎宝宝并不具备听觉能力，语言胎教也一样会对孕妈妈产生好的效果。

在跟胎宝宝谈话的时候，孕妈妈和准爸爸的心情会变得平和，还能够促进夫妻间的感情。

•进行语言胎教时应随时关注胎宝宝的反应

进行语言胎教时，孕妈妈和准爸爸必须随时观察胎宝宝的特殊反应，如果在讲述某件趣闻时，出现柔和的胎动，说明胎宝宝对所谈话题比较感兴趣，孕妈妈或准爸爸可以继续讲下去，也可以适当地延长谈话时间。如果胎宝宝对所谈的话题不感兴趣，同时产生了剧烈的胎动，孕妈妈或准爸爸必须立即停止。

•将形象、声音和情感结合

虽然胎宝宝并不理解孕妈妈或准爸爸的讲话内容，但能够对温柔、生动、充满爱的语言做出良性的反应，对嘈杂、争吵、肮脏的语言做出抵抗的反应。所以，孕妈妈和准爸爸在进行谈话时，要将声音、形象和情感结合起来，这样胎宝宝才更加愿意接受。

•避免肆意而谈

良好的语言胎教对胎宝宝具有良好的影响，相对而言，恶劣的语言环境会对胎宝宝造成负面的影响。孕妈妈和准爸爸千万不要认为胎宝宝是个无知的小生命，而不顾及胎宝宝的感受，应多注意端正自己的行为举止，积极地进行语言胎教。

•语言胎教不能半途而废

语言胎教是一项需要长期坚持的工作，日积月累的语言胎教能增强胎宝宝对父母的依赖和对语言的感受力。因此，在胎教过程中，孕妈妈和准爸爸要做好坚持到底的心理准备，要有耐心，不要半途而废，而且在胎宝宝出生后还应继续坚持语言训练。

第 7 节

美育胎教

美育胎教是通过孕妈妈自身对美的感受而将美的意识传递给胎宝宝的胎教方法，包括对胎宝宝进行音美、色美、行美的信息刺激，通过听、看、体会，将美的事物经神经传导输送给胎宝宝。

视觉刺激与听觉刺激一样重要

胎宝宝对外部光线开始产生明显的反应往往是在怀孕第 7 个月以后。尽管胎宝宝的视觉发育比听觉发育要晚，但是对胎宝宝进行视觉刺激与听觉刺激同样重要。相对而言，人的视觉需要极为复杂的结构作为支持，而胎宝宝只能分辨光线明暗的程度，直到出生时为止，都并没有完全具备视觉功能，要等宝宝长到 8 岁左右，才能够获得与成人一样的视觉能力。

照射到母亲眼睛里的光线会对一种叫褪黑素的物质产生调节作用，使胎宝宝的眼前也相应地产生明暗的感觉。看到明亮的物体时，褪黑素的分泌量会下降，看到昏暗的物体时，褪黑素的分泌量会升高，这使胎宝宝具备了辨别外界事物明暗的本能。

美育胎教的好处

·培养感性能力和审美习惯

好的艺术作品不但可以使人心绪平静，还能让人获得一种精神上的感动和安慰。伦勃朗的《犹太新娘》、莫奈的《睡莲》都有这样的力量。对胎宝宝进行美育胎教，孕妈妈可以借机学习一些美学知识，提高自己的审美能力，培养审美情趣，美化自己的内心世界，还能陶冶情操，改善情绪。孕妈妈加强自身修养，胎宝宝自然而然地就能受到美的教育。

· **促进脑部发育**

在孕初期种一些花草；在房间里贴上漂亮宝宝的照片；自己设计、缝制宽松大方的孕妇装和可爱的婴儿服；利用家里的旧针织物给宝宝改做背心；利用闲暇时间给宝宝织毛衣、毛袜；学习编织工艺，做十字绣，锻炼肌肉和手指关节，让手上的动作更加精细、灵敏，还能促进大脑皮质相应部位的生理活动，提高人的思维能力。孕妈妈在孕期进行编织等手工活动，可以促进胎宝宝大脑和手指的灵活性，有机会生出"心灵手巧"的宝宝。

在观赏名画的同时，将所看到的内容和自己的感受讲给胎宝宝听，可以增强刺激的效果。怀孕6~7个月，胎宝宝已经具有了五感，而美术作品正是能够刺激五感的胎教内容。胎宝宝的脑部在有所感受的时候才会快速发育，此时全面地刺激五感就能够起到良好的辅助效果。

美育胎教的方法

提到美育胎教，在很多孕妈妈的脑海中会浮现出欣赏名画的场景。其实，欣赏名画并非美育胎教的全部内容。欣赏书法、雕塑、戏剧、舞蹈、影视等文艺作品，以及家庭绿化、居室布置、宝宝装和孕妇装的设计、刺绣、烹调、美容护肤等活动，也都属于美育胎教的范畴。观赏大自然的优美风光，把内心感受描述给腹内的宝宝听也是美育胎教之一。在欣赏美景的同时，孕妈妈还能呼吸到新鲜空气，对胎宝宝的发育也很有好处。

孕妈妈美的言行举止也是美育胎教的一个方面。如果孕妈妈有优雅的气质、饱满的情绪和文明的举止，就能感受到来源于自身的一种美。注意个人的言行举止，不仅要精神焕发，穿着整洁，举止得体，还要适当丰富自己的精神生活，丰富个人的内涵，提高自己的审美情趣。

如何欣赏美术作品

欣赏名画的时候，可以参考以下的建议。

1. 刚开始的时候，与其欣赏细腻的人物肖像，不如看那些一眼就可以了解画家基本意图的风景画，看到美丽的自然风光就如同听到自然的声音一样可以使人心绪平静下来。

2. 在去美术馆参观之前，可以先了解一下正在展示的大概是哪些作品。掌握画家和作品的基本信息，然后再对其进行鉴赏，可以带来更多的感受。

3. 美术作品本身就是画家想象力的产物，孕妈妈也可以发挥审美联想，将各种视觉感受相融合，完整地把握和领悟美术作品中的美感和意蕴。

4. 美术欣赏的过程是一种情感体验的过程，孕妈妈只有用自己的真实情感去体会，才能获得审美共鸣。

5. 美术欣赏是视觉感受的活动，同时也是理解美术形象与内涵的活动，要想对作品有更加深入完整的把握，孕妈妈需要进行理性的分析，这样才能深刻地把握作品的内涵和意义。不过，孕妈妈如果没有深入探索的兴趣，就完全不必勉强自己非要达到这种欣赏层面。

6. 反复欣赏、反复体验、不断品味，有助于孕妈妈更加全面地把握作品的形式和内容，获得更高层次的审美享受。

自己动手画一画

在雪白的画纸上将自己的情感通过笔触和线条表达出来，可以达到释放内心情绪的目的。这种能够缓解压力的活动所起到的胎教效果比鉴赏画作还要好。孕妈妈可以临摹美术作品，也可以随心所欲地涂鸦，只要自己觉得快乐和满足，就可以画下去。

不必担心自己没有美术细胞，绘画的目的不是画出完美的作品，而是进行心理调适，提高审美能力。所以，不必强求自己一定要画好，只要自得其乐就可以了。在画画的同时，可以给胎宝宝解释画面里的内容，告诉胎宝宝自己的心情和感受，让胎宝宝一起来分享这份快乐和成就感。

剪纸之美

剪纸是传统的民间手工艺术，在视觉上给人以透空的感觉和艺术享受。在纸上勾勒出熟悉而喜爱的鱼虫鸟兽、花草树木、亭桥风景，也可以是孩子的属相、喜庆的主题等，还可以剪自己喜欢的任何美丽的图案，这么富有想象力和创造力的活动，一定能为生活增添不少情趣。

古人的美育胎教

宋代医学家陈自明认为"欲子美好，玩白玉，观孔雀"，就是说想要孩子长得漂亮，就要常常把玩白玉、观看孔雀。他认为美玉的温润性质会使观看的人情绪变得温柔美好，美玉的晶莹剔透会使人产生清透明亮之感；孔雀美丽大方，羽毛色彩绚烂缤纷，看了能让人兴奋欢喜，这样的情怀和感受能够潜移默化地影响胎宝宝，使他/她长得美而端庄，也会增强他/她的感悟能力。这里体现的就是中国古代的美育胎教法。

第8节 抚摸胎教

孕妈妈和准爸爸轻轻拍打或抚摸孕妈妈的腹部，是对胎宝宝的一种爱抚和触摸，可以促进胎宝宝的感觉系统发育。准爸爸还可以把耳朵贴在孕妈妈的肚皮上，听一听胎宝宝的声音。这种亲密的互动可以促进准爸爸、孕妈妈和胎宝宝的情感交流。

抚摸胎教前的准备工作

1. 排空小便
2. 将情绪调节到轻松、愉快、平和、稳定的状态
3. 保持室内空气新鲜，温度适宜

实施抚摸胎教的方法

·来回抚摸法

在腹部完全松弛的状态下，孕妈妈或者准爸爸用手从上至下、从左至右，来回抚摸。抚摸时动作要轻，时间不宜过长。

·轻压拍打法

孕妈妈平卧，放松腹部；孕妈妈或准爸爸用手在腹部从上至下、从左至右来回抚摸，并用手指轻按然后抬起；轻轻地按压和拍打腹部，给胎宝宝以触觉的刺激。

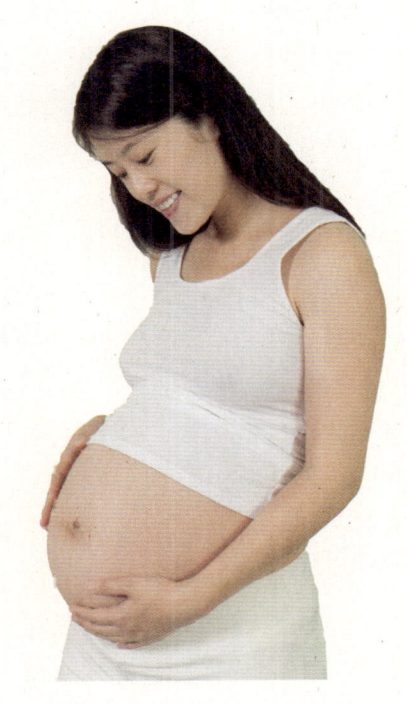

在对胎宝宝进行抚摸胎教的时候，动作一定要轻柔，还要时刻注意胎宝宝的反应，如果感到宝宝用力挣扎，则要立刻停止

在刚开始的时候，胎宝宝可能不会有反应，但准妈妈要坚持做下去。一般几个星期后，胎宝宝就会出现身体轻轻蠕动、手脚转动等反应。

开始时时间不宜太长，每次5分钟即可；当胎宝宝做出反应后，每次可延长5~10分钟。同时，在对胎宝宝进行按压拍打时，动作一定要轻柔。孕妈妈要时刻注意胎宝宝的反应，如果感觉到胎宝宝用力挣扎或蹬腿，则说明他不喜欢，要立刻停止。

• 推动散步法

孕妈妈平躺在床上，全身放松，孕妈妈或准爸爸轻轻地来回抚摸、按压、拍打腹部；也可以用手轻轻地推动胎宝宝，让胎宝宝在子宫内"散散步"。

为避免因用力不当而造成的腹部疼痛、子宫收缩，此练习一定要在医生的指导下进行。如果练习不当，严重者甚至会引发早产。练习动作要轻柔自然，用力要均匀，切忌粗暴。如果胎宝宝反应剧烈，要立即停止，并用手轻轻抚摸腹部，让胎宝宝尽快平静下来。

• 游戏法

孕妈妈或者准爸爸先用手在腹部从上至下、从左至右轻轻地、有节奏地抚摸和拍打，当胎宝宝给予还击时，再在胎宝宝给予反应的部位轻轻拍两下。一会儿胎宝宝就会再次还击，这时孕妈妈可以改拍离原拍打位置不远的地方，胎宝宝就会很快再次在拍打的位置还击。如此反复几次。

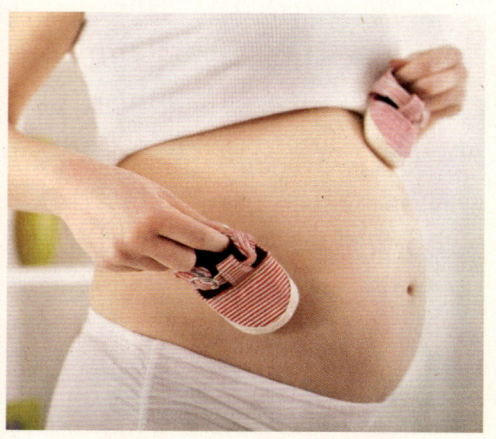

孕妈妈在进行抚摸胎教时，用个有趣的玩具做道具，能提升趣味

马医生贴心话

实施抚摸胎教的最佳时间

在妊娠第4个月时，有的孕妈妈能够明显地感受到胎动，这时就可以开始实施抚摸胎教了。而妊娠6个月以后，胎动频率明显提高。这时，胎宝宝会在孕妈妈的肚子里踢脚、翻跟头、扭转身体，所以在这个时候更要实施抚摸胎教。

抚摸胎教最好在每晚临睡前进行，此时胎动最为频繁；同时时间不要过长，以免让胎宝宝过于兴奋，影响准妈妈的睡眠。

第9节 光照胎教

光照胎教法就是适当地给予胎宝宝光亮刺激,以促进胎宝宝视网膜感光细胞的功能尽早完善。在孕20周,胎宝宝就对光线十分敏感了。这时在孕妈妈腹壁直接进行光照,B超探测观察可以看到胎宝宝背过脸去,出现躲避反射,还会睁眼、闭眼。同时,胎宝宝心率略有增加,脐动脉和脑动脉血流量亦均有所增加。从怀孕24周后,如果在母亲腹壁直接进行光照射,可以发现胎宝宝眼球活动次数增加,胎宝宝会安静下来。

胎宝宝对光照会有各种反应

光照胎教并不像其他胎教那样受人们重视,这种胎教是近些年才引起人们注意的。研究表明,胎宝宝的眼睛并不是完全看不见东西。实验表明,从妊娠4个月起,有的胎宝宝对光亮就有所觉察,有的会躲闪,这表明胎宝宝对光照有反应。用B超检测,当用手电筒一闪一灭地照射孕妈妈腹部时,胎宝宝心率会出现剧烈变化。

光照胎教的作用

光照胎教能促进宝宝视觉功能的建立和发育,因为光能够通过视觉神经刺激到胎宝宝大脑的视觉中枢。相关研究表明,孕期适当地进行光照胎教的宝宝,出生后视觉敏锐,协调力、专注力、记忆力较没有进行光照胎教的宝宝发育得更好。可见,适当的光照对宝宝的视网膜及视神经的发育是有益的。

另外,光照胎教还能够帮助宝宝形成昼夜周期规律,让胎宝宝晚上睡觉,白天觉醒。而且光照胎教还可以促进宝宝动作行为的发展。

光照胎教的方法

・准备手电筒

手电筒是实施光照胎教的工具,用它贴近孕妈妈腹壁,使光线照入子宫,羊水因光线而变成红色,这也是胎宝宝偏爱的一种颜色。另外,孕妈妈到室外活动也是光照胎教的一种方式。

・开始时间

孕6个月就可以开始实施光照胎教了,当然,孕7个月,胎宝宝的视网膜也具有了感光功能,对光有了反应,这时候进行光照胎教更适宜。

・具体步骤

每天在固定的时段,孕妈妈用手电筒微光贴近腹壁,在胎宝宝头部的位置上反复开闭数次,一闪一灭地照射胎宝宝的头部。每天3次,每次持续5分钟。

至于哪里是胎宝宝的头部,可以在产检的时候问问医生。另外需要注意的是,不要用强光照射宝宝,手电筒的光亮度要合适,照射时间也不宜过长。

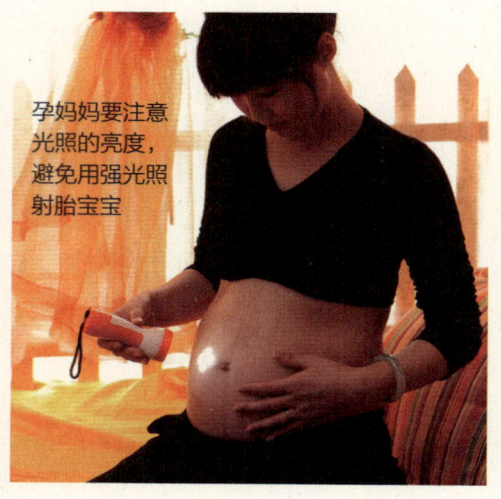

孕妈妈要注意光照的亮度,避免用强光照射胎宝宝

妈妈经验谈

孕期总发脾气的小杜

小杜是个急脾气,每次来产检都风风火火的。有一次她问我:"主任,你说我总是很敏感,爱生气,无缘无故担心这个担心那个,自己吓自己,也经常对老公无缘无故发脾气,自己控制不了情绪。不知道这样是不是给了孩子不好的胎教。"

其实,孕期任何一种胎教形式的目的都是让孕妈妈保持快乐的心情,这样才能给宝宝提供优生优育的条件。孕妈妈往往容易情绪起伏,这时就需要准爸爸和孕妈妈一起克服,了解心情变差的理由,有针对性地解决。只要是有助于卸下心理负担的方式,都值得尝试。

第3章

孕期胎教轻松做

第1节

孕1月 胎宝宝在子宫安家了

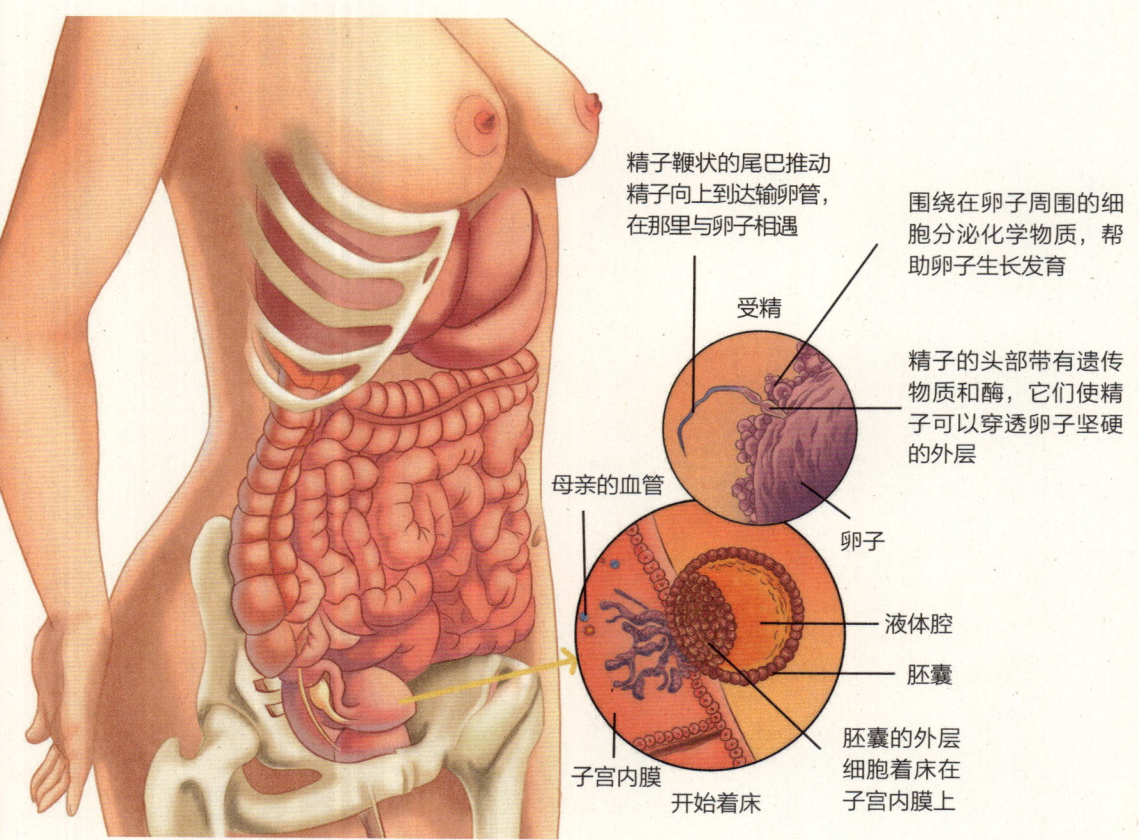

- 精子鞭状的尾巴推动精子向上到达输卵管，在那里与卵子相遇
- 围绕在卵子周围的细胞分泌化学物质，帮助卵子生长发育
- 受精
- 精子的头部带有遗传物质和酶，它们使精子可以穿透卵子坚硬的外层
- 卵子
- 母亲的血管
- 液体腔
- 胚囊
- 子宫内膜
- 开始着床
- 胚囊的外层细胞着床在子宫内膜上

• 胎教要点

在这个阶段，因细胞的快速分裂需要大量带有父母遗传基因的脱氧核糖核酸，而脱氧核糖核酸的生成需要大量的叶酸参与，所以孕妈妈要着重补充叶酸。孕妈妈可以服用叶酸片，多吃点绿叶菜。

在这个阶段，孕妈妈的情绪波动最为严重，但无论如何都要让自己保持平静和愉快的心情。孕妈妈可以重拾以前的爱好，也可以培养新的爱好，读一读优美的诗歌、散文等。重要的是保持家庭和睦，夫妻不和、伤心生气对宝宝的伤害是最大的。

营养胎教

・饮食要点

1. 为了避免或减少恶心、呕吐等早孕反应，可采用少食多餐的方法。饮食最好清淡，不吃油腻和辛辣食物，多食易于消化吸收的食物。

2. 在食用食物前，将蔬菜充分洗净，将水果削皮，避免农药污染。

3. 采用合理的加工烹调方法，减少营养物质的损失，使之符合卫生要求。烹调时尽量保留食物的原味，少用调味料。

4. 养成良好的饮食习惯，定时用餐，在三餐之间最好安排两次加餐，坚持"三餐两点心"的进食原则。点心可以选择营养饼干、饮料（如牛奶、酸奶、鲜榨果汁）、蔬菜和水果等。

5. 孕妈妈在进餐时最好能心情愉悦，这样在营造温馨的进餐氛围的同时，还有助于增进食欲。

・优选食物

樱桃

属于含铁量丰富的水果，建议孕期常吃些樱桃。另外，樱桃富含抗氧化物质花青素，对胎宝宝和孕妈妈的健康都有好处。

海虾

富含蛋白质、维生素D和钙，可以为孕妈妈和胎宝宝补充充足的营养，促进胎宝宝脑部发育和骨骼发育。

香菇

富含铁和B族维生素，可以缓解孕期不适，还能增强孕妈妈的免疫力。

酸奶

富含益生菌、蛋白质等，可帮助调节肠道菌群，适合食欲不振的孕妈妈。

草菇

有助于促进新陈代谢，能提高抗病能力。

番茄

含维生素C、番茄红素、有机酸等成分，可以为孕妈妈补充身体所需营养，有助于提升食欲。

• 营养菜谱

通便
补叶酸

桃仁菠菜

材料 菠菜 300 克,核桃仁 30 克,枸杞子 5 克。

调料 白糖、盐各 3 克,芝麻酱 10 克,生抽、醋各 5 克,香油少许。

做法

1 将菠菜洗净,焯烫 15 秒,捞出过凉水;将核桃仁、枸杞子盛入碗中,加入热水浸泡。

2 将芝麻酱盛入碗中,调入生抽、醋、白糖、盐、香油调匀,制成酱汁。

3 将菠菜从凉水中捞出、沥干,切段盛入盘中,加上酱汁,撒上泡过的核桃仁和枸杞子即可。

提供叶酸
和蛋白质

鲜虾芦笋

材料 鲜虾 200 克,芦笋 300 克。

调料 姜粒、盐、淀粉、蚝油各适量。

做法

1 将鲜虾去壳,挑去虾线,洗净后抹干,用盐、淀粉拌匀;将芦笋洗净,切长条,焯熟沥干。

2 将鲜虾倒入热油锅内煎熟,捞起滤油;用锅中余油爆香姜粒,加入鲜虾、盐、蚝油炒匀,出锅并浇在芦笋上即可。

情绪胎教：让孕妈妈保持好心情

宝贝，听说每一个天使都是微笑着降临的，那妈妈也要用一份好心情来迎接你。

·开心助孕的方法

哼唱喜欢的歌

唱歌可改善情绪，使人放松。妈妈放松，精子与卵子自然会愿意结合啦。

一二三，齐步走

散步是可以让人放松的运动。在天气好，空气清新的时候散步不只是一种享受，还能让卵子与精子享受太阳浴和轻微震荡带来的按摩效果，它们会和你一样心情愉快的。

找件自己喜欢做的事

要经常投自己所好，做自己喜欢做的事也是最好的放松方式。练习书法、绣十字绣，哪怕是玩游戏，只要不让自己过于劳累，任何让自己高兴的事都可以做。

待在人群里

在身体条件允许的情况下，尽量保持工作的状态，待在人群里，与人交流有助于把对助孕这件事的注意力转移到工作上，消除紧张情绪。

听着舒心的音乐入眠

午睡的时候听点轻柔的音乐能让心情更加舒畅。这样休息几分钟，体力就能够得到恢复。轻音乐不仅会使心情变好，而且也能够让准妈妈心绪平静，好好睡一觉。

 马医生贴心话

心情好的重要性

当人体处于良好的精神状态时，精力、体力、智力、性功能也处于良好的状态，精子和卵子的质量高，此时受精，易着床受孕，胎儿素质也好，有利于优生。

运动胎教：避免剧烈运动

在孕早期，准妈妈的运动应该以轻松、缓慢的方式进行，避免激烈的运动，如跳跃、扭曲、快速旋转等。很多孕妈妈是第一次怀孕，多数会比较紧张和焦虑，下面介绍几种简单的孕期瑜伽放松功，不仅锻炼身体，还可帮助孕妈妈很快地平静下来。

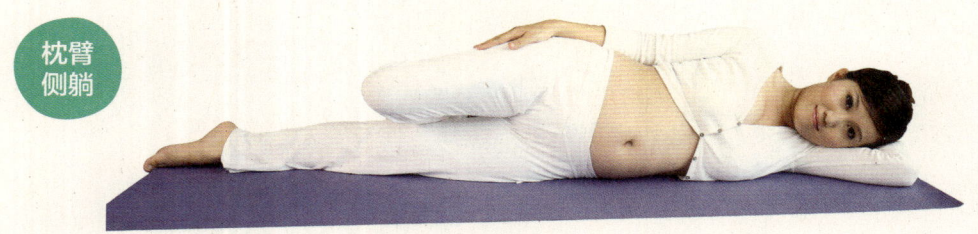

枕臂侧躺

侧躺（任意一边），曲臂枕于头下，另一手臂置于弯曲的大腿上，置于底下的大腿保持放松且伸直的姿势，置于其上的大腿稍微弯曲。时间以舒适为度，做完一侧后以同样方式换另一侧。

坐姿聆听

坐在瑜伽垫、床上或毯子上，背靠墙，或者坐在椅子上，靠住椅背，双腿盘起，手臂自然放松，双手手心朝上，放在大腿上，闭眼。颈部、睫毛、脸部放松，聆听有节律而细微的声音，或听些轻柔的音乐。姿势保持10分钟。

瑜伽呼吸

选择一个舒适的姿势盘坐在垫子上，两脚掌心相对。双手分别放在腹部和胸部上，双肩自然放松。双眼微闭，保持呼吸，让你的双手去感受你的呼吸。姿势保持3~5次呼吸的时间。

语言胎教：和《开始》一起踏上幸福的孕程

泰戈尔的这首《开始》，是一首甜美、深切、感人的抒情诗。准妈妈在读这首诗的时候，可试着去感受生命之花绽放的美丽。带着这种对生命的热爱之心，开始幸福的孕程吧！

"我是从哪儿来的，你，在哪儿把我捡起来的？"孩子问他的妈妈说。

她把孩子紧紧地搂在胸前，半哭半笑地答道：

"你曾被我当作心愿藏在我的心里，我的宝贝。

"你曾存在于我孩童时代玩的泥娃娃身上；每天早晨我用泥土塑造我的神像，那时我反复地塑了又捏碎了的就是你。

"你曾和我们的家庭守护神一同受到祀奉，我崇拜家神时也就崇拜了你。

"你曾活在我所有的希望和爱情里，活在我的生命里，我母亲的生命里。

"在主宰着我们家庭的不死的精灵的膝上，你已经被抚育了好多年代了。

"当我做女孩子的时候，我的心的花瓣儿张开，你就像一股花香似的散发出来。

"你的软软的温柔，在青春的肢体上开花了，像太阳出来之前的天空上的一片曙光。

"上天的第一宠儿，晨曦的孪生兄弟，你从世界的生命的溪流浮泛而下，终于停泊在我的心头。

"当我凝视你的脸蛋儿的时候，神秘之感淹没了我；你这属于一切人的，竟成了我的。

"为了怕失掉你，我把你紧紧地搂在胸前。是什么魔术把这世界的宝贝引到我这双纤小的手臂里来呢？"

音乐胎教：贝多芬《田园》

·关于这首曲子

交响曲《田园》为德国作曲家贝多芬的代表作之一，整部作品细腻动人，朴实无华，宁静而安逸。

·如何鉴赏

儿时那散发着泥土芳香的田间小路是不是经常勾起你甜美的回忆？那个时候的你还是个孩子，可现在你就已经是一个孩子的母亲了，这真是用文字难以描述的心情，现在就让贝多芬优美动人的乐曲伴随着你，去领略那恬静的田园风光吧！《田园》的灵感来自大自然，整部作品表达了作曲家对大自然的依恋之情。当你与胎宝宝一起漫步于小区花园或公园小道时，听一听这曲《田园》，满耳的大自然的声音和满眼的大自然的颜色会让你从心灵深处呼吸到那纯净而清新的空气，和胎宝宝一起，美美地感受一下吧！

·建议什么时候听

清晨、黄昏或睡前，让此曲带你到自然中去呼吸新鲜空气，从而舒缓你的情绪，使身心得以放松。

胎教故事：《快乐的小蜗牛》

今天，孕妈妈就来给宝宝读读这个有趣的故事。小蜗牛走路虽然慢，但也有很多意想不到的收获。

小蜗牛走路慢吞吞的，每次出去和朋友们一起玩时，都会落在最后。不过，走得慢也有好处，小蜗牛每天都会捡到很多很多好东西。

小蜗牛就想："该怎么处理这些东西呢？"想啊，想啊，终于想出了一个好办法。他把这些东西捡回家后全都洗干净，然后把它们挂在外面的小松树上。

每天，温暖的阳光照在小松树上，小松树就像圣诞树一样漂亮。小山羊从这里走过，一眼就从"圣诞树"上找到了自己丢失的蝴蝶结；小白兔从这里经过，一眼就看到了自己丢失的那颗红色的幸运星；小猫则找到自己丢失的纽扣；小鸡找到了丢失的带有香味的橡皮；小鸭子也找到了自己的那串玻璃项链……

看到所有的东西都找到了主人，小蜗牛可高兴了！他还在"圣诞树"旁边放上了许多好吃的点心，大家路过这里感到饿时，就来吃一块。小伙伴们都觉得小蜗牛了不起，虽然走路慢吞吞的，可他为大家做了很多好事。

当然，能够帮助别人，小蜗牛自己也感到很开心。

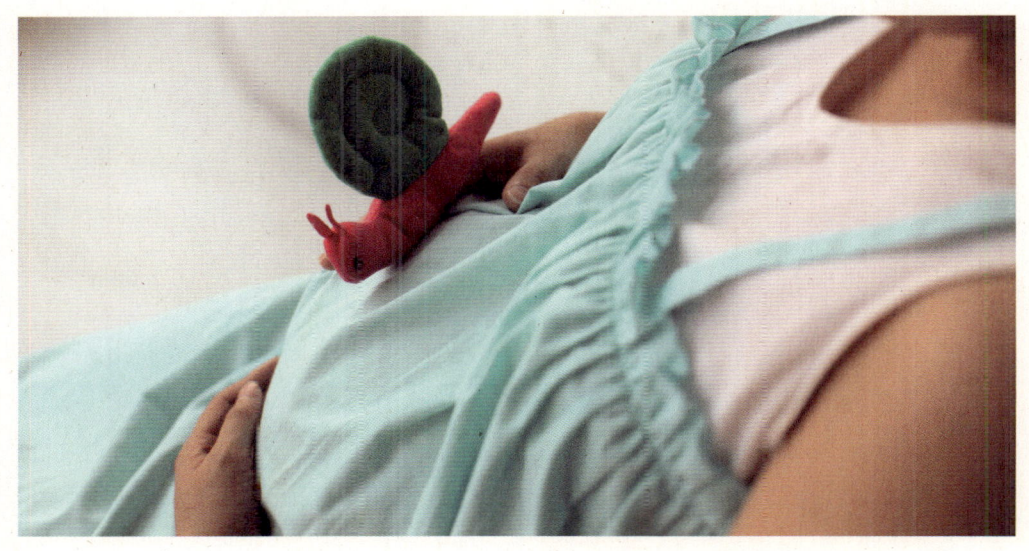

第 2 节

孕2月 小家伙开始有模样了

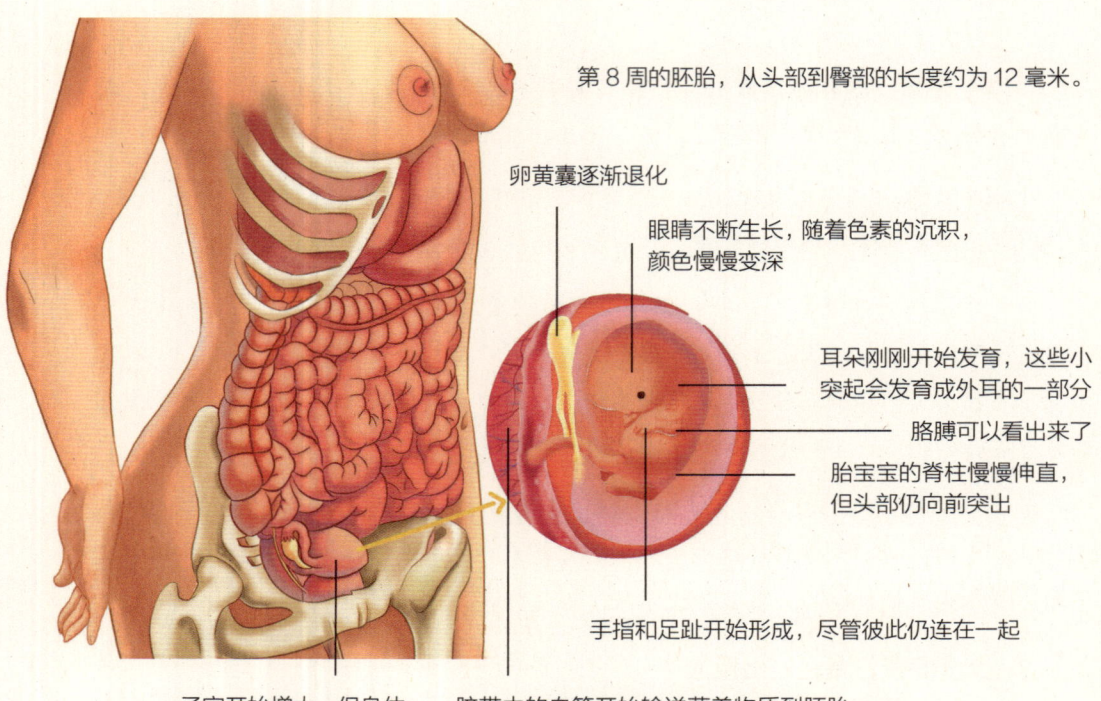

第8周的胚胎，从头部到臀部的长度约为12毫米。

卵黄囊逐渐退化

眼睛不断生长，随着色素的沉积，颜色慢慢变深

耳朵刚刚开始发育，这些小突起会发育成外耳的一部分

胳膊可以看出来了

胎宝宝的脊柱慢慢伸直，但头部仍向前突出

手指和足趾开始形成，尽管彼此仍连在一起

子宫开始增大，但身体外形仍没有变化

脐带中的血管开始输送营养物质到胚胎，同时清除代谢产物

• 胎教要点

通过饮食缓解孕吐是这阶段的重点。可以吃一些缓解孕吐的食物，比如生姜、香菜、韭菜、橙子、瓜子等。准爸爸要学做几样缓解孕吐的菜，经常换着给孕妈妈做，会收到很好的效果。换换就餐环境也是不错的办法，准爸爸和孕妈妈可以偶尔出去吃一顿，当然，要找干净、环境好的餐馆，还要注意不要吃得太油。

因为孕吐，现在的孕妈妈心情可能会受到影响，总是有些焦虑和烦躁。除了从饮食上想办法缓解孕吐外，还要想办法分散注意力。把喜欢的书找出来读一读；把以前因为太忙而放下的手工捡起来做一做；也可以听听喜欢的音乐，换个心情；还可以把怀孕的消息告诉亲朋好友，让他们分享你的喜悦。

营养胎教

• 饮食要点

1. 补充水分
孕早期，妊娠反应比较明显，因为剧烈的呕吐容易引起人体的水盐代谢失衡。所以，应注意补充水分，多吃新鲜的水果和蔬菜。

2. 保证全面营养
此时，胎宝宝的主要器官开始全面形成，孕妈妈的饮食要能够满足胎宝宝的正常生长发育和孕妈妈自身的营养需求。

3. 少食多餐，减轻妊娠反应
妊娠反应带来的恶心、厌食影响了孕妈妈的正常饮食，可以变换烹饪方法和食物种类，少食多餐，来保证自己的营养。

4. 增加优质蛋白质的摄入
此时，孕妈妈每日应摄入蛋白质 65～70 克，来满足胎宝宝的发育。

• 优选食物

鸡肉
富含优质蛋白质，也是维生素 B_6 等的良好来源，可以促进胎儿生长，还容易消化吸收，并对改善孕吐有一定作用。

红薯
富含碳水化合物、膳食纤维成分，可以预防严重呕吐引起的酮症，还有利于通便。但不宜空腹食用，胃酸分泌过多的孕妈妈也应慎食。

苹果
富含多种维生素，能改善孕吐，增进食欲，补充营养。

豆腐
富含优质蛋白质、钙等成分，容易消化吸收。不想吃肉的孕妈妈，可以用它来代替肉类。

柑橘
含维生素 C 等成分，可以缓解孕吐，提升食欲。

小白菜
富含钙、钾和胡萝卜素，可以帮助孕妈妈储备钙，促进骨骼健康，还能改善免疫力。

• 营养菜谱

缓解疲劳

蒜蓉西蓝花

材料 西蓝花 250 克，蒜蓉 20 克。
调料 盐 2 克，白糖 5 克，水淀粉、植物油各适量，香油少许。

做法
1 将西蓝花洗净，掰成小块，放入沸水中焯烫一下。
2 锅内倒植物油烧热，爆香蒜蓉，倒入西蓝花翻炒至熟，加盐、白糖，用水淀粉勾芡，用香油调味即可。

减轻孕吐

苦瓜煎蛋

材料 苦瓜 100 克，鸡蛋 3 个。
调料 葱末 5 克，盐 2 克，料酒 3 克，植物油适量。

做法
1 将苦瓜洗净，切丁；将鸡蛋打散。
2 将苦瓜和鸡蛋液混匀，加葱末、盐和料酒调匀。
3 锅内倒植物油烧热，倒入鸡蛋液，煎至两面金黄即可。

运动胎教：学习两个瑜伽动作

在孕早期，准妈妈的运动应该以轻松、缓慢的方式进行，避免激烈的运动，如跳跃、扭曲、快速旋转等。很多孕妈妈都是第一次怀孕，多数会比较紧张和焦虑，下面介绍几种简单的孕期瑜伽放松功，不仅锻炼身体，还可帮助孕妈妈很快地平静下来。

·平衡式

1. 腿保持站立，左腿自膝盖处向后弯曲，上抬左脚跟并贴靠到臀部。
2. 左手抓住左脚脚趾，再用手掌将它托住，这样做可以让左脚跟触到臀部或靠近臀部。
3. 向前伸直右臂，手掌并拢，自下而上慢慢抬起至头侧，保持你的手臂平直，手掌面向前方；保持你的身体平直，保持你的右腿平直，这样看起来，你的身体自上而下是在一条直线上的。
4. 保持这个姿势10秒钟，将抬起的手臂慢慢放下，手掌始终绷紧；然后放下你的左腿，落地。
5. 休息10秒钟，换另一条腿练习。

·树式

1. 站立，弯曲右膝，脚掌抵住左膝关节内侧。
2. 吸气，左臂向左上方伸展，指尖指向天花板，右手轻放在右膝上。
3. 保持呼吸3次，眼睛看右侧，脊背挺直。
4. 换另一侧重复此动作。

? 你知道吗

运动时这几点要注意

- 后弯类动作，会增加背部负担。
- 腹部训练的动作，会增大腹压。
- 深度扭转类动作也要避免。
- 倒立动作一定不要做。
- 躺姿在孕中期之后不宜采用，因为会压迫大血管。
- 在呼吸练习时不要过度收缩腹部。

手工胎教：折千纸鹤

宝贝，陪妈妈一起折纸吧！今天我折一只千纸鹤，相信你会喜欢的。

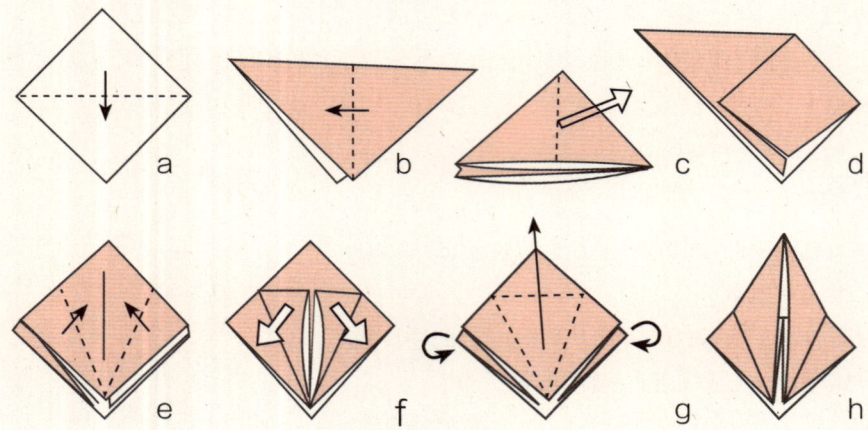

1. 将正方形的纸折成双菱形。

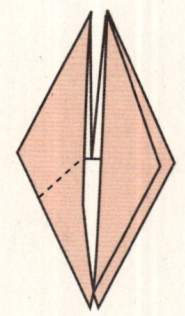

2. 再压折出颈部。

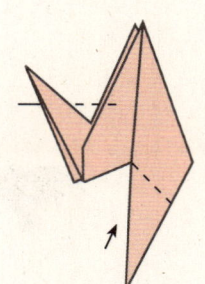

3. 压折头部和尾部。

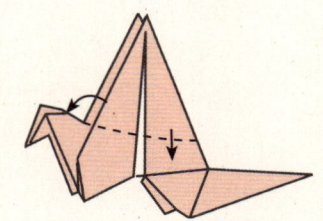

4. 将两角向下折成翅膀。

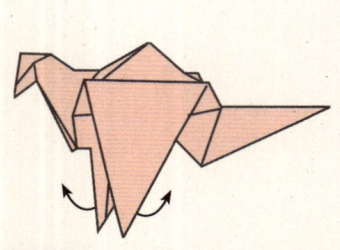

5. 将翅膀向上拉平。

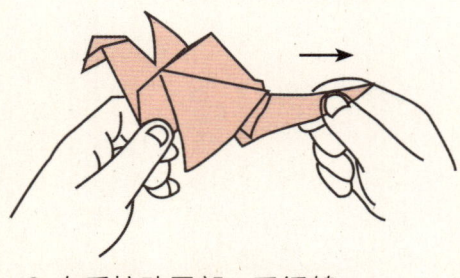

6. 向后拉动尾部，千纸鹤的翅膀就能动起来了。

美育胎教：《蒙娜丽莎》

今天我们一起来欣赏一幅伟大的名画作品——《蒙娜丽莎》，这是文艺复兴时期画家莱奥纳多·达·芬奇所绘的一幅肖像画。画中的女主人公是个真实的人物，她是佛罗伦萨一个富商的妻子。画中，她的微笑恬静、优雅、神秘，令人倾倒。有人研究后认为，蒙娜丽莎之所以能有这样的微笑，是因为她已经怀孕，只有孕妇才能有这样的微笑。

欣赏这幅画，感受画的意境，然后闭上眼睛，让画在脑海里呈现，用心体味和模拟这微笑中的情感，你是不是觉得对腹中胎宝宝的爱意又更深了一层？

音乐胎教：《小夜曲》

奥地利作曲家舒伯特的《小夜曲》非常真挚动人，孕妈妈不妨多听，以陶冶性情。

•什么时候听

清晨、黄昏或睡前，或是你感受到宝宝在动的时候听，让宝宝感受到你的感动。

•如何听

听这首曲子时想象一下，在皎洁的月光下，一个小伙子抱着吉他在心爱的姑娘窗下弹唱，姑娘躲在窗户边偷偷张望。孕妈妈还可以想想和准爸爸初次见面的场景。一想到这些，愉悦的感觉就出来了，宝宝也能感受到你的喜悦。

•关于这首曲子

《小夜曲》是舒伯特声乐套曲《天鹅之歌》的第四首，而《天鹅之歌》是舒伯特用德国诗人海涅、塞德尔和雷尔斯塔伯的诗谱成的14首曲子。

《小夜曲》以爱情为题材，婉转动听，表达出人们对真挚之爱的歌颂和期待……在抒情而安谧的演奏之后，感情变得更加炽烈，在旋律中回荡起伏，形成高潮。

 马医生贴心话

注意胎教音乐的题材

胎教音乐也是鱼龙混杂，普遍被人们认可的有《爱和乐》《宝宝的异想世界》《α脑波音乐》《国乐启蒙》《莫扎特效应》等，以及经典的古典音乐。

胎教故事:《司马光砸缸》

一般人看到有孩子掉进水缸,都只会想怎么从水里把这个孩子捞起来。小司马光碰到这种情况会怎么办呢?孕妈妈快给胎宝宝讲讲这个故事吧!

有一年夏天,天气特别炎热,大人们都出门去了,小朋友们在司马光家院子里玩耍,叫他出来一起玩,可是司马光摇摇头拒绝了,他觉得还是书中的世界更吸引他。

院子里有一口大水缸,缸里装满了水,小朋友们玩着玩着便打起赌来。大家都说这口水缸特别大,肯定能够淹死人。有个小胖子就不相信,非说这口水缸没那么大,也没那么可怕。其他人不高兴了,嚷嚷起来:"你说这水缸不大,那你爬进去试试?"

小胖子经不起激将,真的爬到水缸边上,可是水缸太滑了,他一头就栽了进去。看到这情景,大家都吓傻了。一群人在周围绕来绕去,就是想不出什么办法,于是哄哄闹闹地四散跑开了。

司马光听见院子里传来"救命"的声音,赶紧扔下书跑出去。见到这情景,司马光没有慌乱,他绕着水缸思量片刻,赶紧从墙角捡来一块大石头,朝着水缸就狠命地砸下去。水缸被砸破了,水缸里的水流出来了。这个小胖子终于得救了。

第 3 节

孕3月 小胳膊小腿能动了

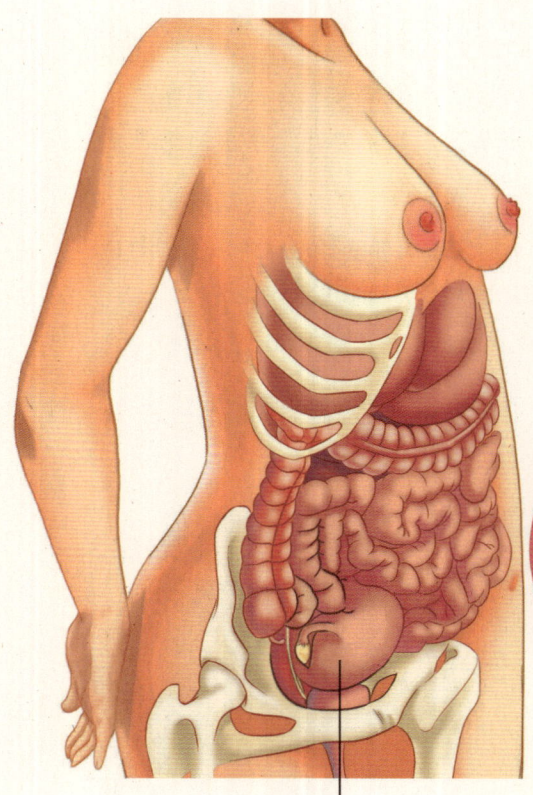

第 12 周的胎宝宝，身长约为 9 厘米。四肢充分发育，胎宝宝会尝试摆出各种姿势

胎宝宝的头部更趋近于圆形

嘴可以张开或者闭合，以便胎宝宝吞咽和打哈欠

耳朵已经基本位于其在头部的最终位置

胎宝宝的心脏跳动很快，大概 160 次 / 分，差不多是孕妈妈心率的两倍

四肢充分发育，胎宝宝会尝试摆出各种姿势

原本位于脐带基底部的小肠，现在进入了腹腔中

子宫开始升高，离开骨性盆腔

脐带完全成熟，保证将来自孕妈妈血液中的重要营养（比如葡萄糖等）输送至胎宝宝体内。脐带在妊娠的过程中还会延长

• 胎教要点

这个阶段可以多喝牛奶。牛奶富含钙质，可以使尿液中的钠排泄增多，降低血容量以消除水肿，还可以防治妊娠高血压，并有益于胎儿骨骼的发育。

憧憬一下未来，难熬的孕早期即将过去，早孕反应将要消失。宝宝与你的交流会越来越多，那是一种非常美妙的感觉。

营养胎教

•饮食要点

1. 孕妈妈应适当食用枸杞，它富含钙、磷、钾、锌等元素，不仅可补充孕妈妈所需的一些营养元素，还能改善孕妈妈和胎宝宝的免疫力。

2. 在妊娠反应强烈的孕3月，孕妈妈的膳食最好以清淡、易消化吸收为主，可以食用一定量的粗粮，如小米、玉米、红薯等。

3. 尽量选择自己喜欢的食物，不必刻意多吃或少吃什么。少吃多餐，能吃就吃，进食的喜好有所改变也不要担心。

4. 孕妈妈若因妊娠反应严重而影响了正常进食，可在医生指导下补充复合维生素片。在有胃口的时候可多补充些奶类、蛋类、豆类食物。

•优选食物

菠菜
富含叶酸，100克菠菜中大约含叶酸20微克，可预防胎儿神经管畸形。

牛奶
富含蛋白质和钙，提供胎儿肌肉和骨骼发育所需的营养，还能增强孕妈妈的体质。

胡萝卜
富含胡萝卜素，进入体内可转化为维生素A，能促进胎儿肝脏和眼睛发育。

核桃
富含维生素E、不饱和脂肪酸、镁等，可以促进胎儿大脑发育。

鸡蛋
富含蛋白质和卵磷脂，可以为胎儿发育提供充足的蛋白质，卵磷脂还能促进胎儿大脑发育。

牛肉
富含铁、蛋白质和锌，可以补充胎儿生长所需的营养素，改善孕妈妈的免疫力。

• 营养菜谱

健脾胃
宁心神

小米红豆粥

材料 红豆、小米各 50 克，大米 30 克。

做法

1. 将红豆洗净，用清水泡 4 小时，再蒸 1 小时至红豆酥烂；将小米、大米分别淘洗干净，将大米用水浸泡 30 分钟。
2. 将锅置于火上，倒入适量清水，以大火烧开，加小米和大米煮沸，转小火熬煮 25 分钟至粥稠。
3. 将酥烂的红豆倒入稠粥中煮沸，搅拌均匀即可。

促进胎宝宝
大脑发育

红烧带鱼

材料 净带鱼段 400 克，鸡蛋 1 个。

调料 葱段、姜片、蒜瓣、老抽、白糖、醋、料酒各 10 克，盐 3 克，淀粉适量。

做法

1. 将带鱼洗净，用料酒和盐腌渍 20 分钟；将鸡蛋磕入碗内打散，将腌好的带鱼放入碗内；将老抽、白糖、料酒、盐、醋、淀粉和适量清水调成味汁。
2. 将锅置于火上，倒油烧至六成热，将裹好蛋液的带鱼段下锅煎至两面金黄，捞出。
3. 锅内留底油烧热，下姜片、蒜瓣爆香，倒入味汁，放带鱼段，烧开后改小火炖 10 分钟左右，汤汁浓稠时撒葱段即可出锅。

情绪胎教：克服焦虑

孕早期是胚胎不太稳定的阶段，也是流产的高发阶段。很多孕妈妈可能受不良因素的干扰，总是焦虑、担心，甚至表现为动不动就发脾气、流眼泪。这些不好的情绪会传给胎宝宝，不利于胎宝宝的健康。孕妈妈要学会克服焦虑心理。

• 多学习孕产知识

如果孕妈妈了解足够多的孕产知识，科学应对即将发生的一切，很多导致焦虑的因素是可以消除的。了解孕产知识也不要道听途说，应通过正常的、专业的渠道去了解，比如参加医院开设的孕妇课等。

• 多交朋友，特别是同处孕期的朋友

朋友的支持和友谊能削弱不良情绪，有利于胎宝宝的发育。特别是和同处孕期的朋友交流，大家更有共同语言，缓解压力的效果更好。

• 按时产检，促进母子健康

定期产检的同时伴随着产前健康教育，后者将为孕妈妈普及相关妊娠知识，加深孕妈妈及其家庭对怀孕和分娩过程的了解，有利于其与医务人员的协调配合，为母婴安全和顺产提供有力保障。

要了解胎宝宝的情况，除了孕妈妈自身的一些感知外，还需要借助医学检测手段，比如 B 超能直观地显示胎儿的颜面、肢体、各器官的发育情况。系统的产前筛查能及时发现胎儿的异常，帮助医生制订相应的措施，促进母子健康。

运动胎教：摇手腕

孕早期，胚胎相对不稳定，运动以轻柔为主。如果孕前没有运动习惯的孕妈妈，不宜突然运动。

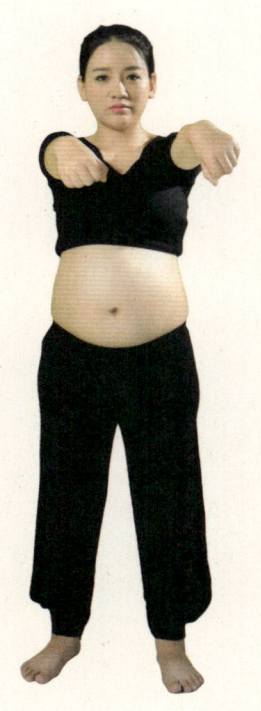
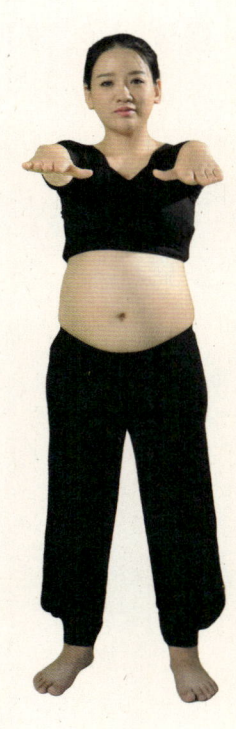

1. 孕妈妈取坐姿或站姿，双臂平伸于胸前，双手手指分开，指尖朝下，左右摇摆双手10次，放下手臂，休息2~3秒。

2. 再次伸起双臂，平放于胸前，双手自然握拳，左右摇摆双手10次，放下手臂，休息2~3秒。

3. 放开拳头，双手手指用力伸开，然后上下翻转手掌和手背5~10次。

美育胎教：《睡莲》

今天孕妈妈来欣赏莫奈的名画《睡莲》。睡莲是一种长在水里的植物，大画家莫奈以睡莲为其意象世界的建构基础，在作品中呈现独特的审美意蕴。

莫奈以《睡莲》为主题的作品很多，它们是印象派的代表画作。莫奈对光和色彩的专注远远超过对物体形象的关注。该画作能让人感悟到光与自然的浑然一体。

音乐胎教:《蓝色多瑙河》

孕妈妈今天来欣赏优美动听的《蓝色多瑙河》,这是由"圆舞曲之王"约翰·施特劳斯所创作的经典曲目。

· 怎么听

在心情平静的时候带着胎宝宝听这首曲子,还可以在头脑中勾勒出多瑙河畔、如画的风光,并将这种对美的感受传递给胎宝宝。

· 约翰·施特劳斯和《蓝色多瑙河》

多瑙河对作曲家来讲,如同母亲一样的亲切。约翰·施特劳斯不知多少次泛舟多瑙河上,漫步在她的两岸。那湛蓝的河水、如画的风光、朴实的民风和美丽动人的传说,使作曲家感到犹如投身在母亲温暖的怀抱之中,经常流连忘返,不愿离去。作曲家在阅读一首爱情诗时,乐思如同奔腾的河水激荡于心头,由此创作出了这首传世名曲。

· 关于这首曲子

圆舞曲《蓝色多瑙河》是约翰·施特劳斯创作的众多首圆舞曲中最著名的一首,由多首小圆舞曲组成。

序奏以小提琴渲染水波的荡漾,第一圆舞曲由圆号演奏多瑙河的音乐主题。第二圆舞曲主题色彩活泼,副题比较悠扬。第三圆舞曲主题跳跃性比较强,副题带有流动性的特点。第四圆舞曲主题充满幸福感,并富于歌唱性,副题旋转性比较强,情绪也比较热烈。第五圆舞曲具有欢快和热烈的气氛。最后是结束部分,这里再现了前面几个小圆舞曲的部分旋律,好似一种回顾,最后在把欢乐的情绪推到高潮时结束。

胎教故事：《乌鸦喝水》

乌鸦喝水是一个非常有趣的故事，有利于宝宝智力发育，孕妈妈来给宝宝读读乌鸦是怎么喝到水的。

有一只小乌鸦口渴了，它飞来飞去地到处找水喝。可是附近连条河都没有，要上哪里去找水呢？

小乌鸦在树林里转悠，想找到一片带露珠的叶子。可是露珠早就被太阳蒸发掉了。小乌鸦实在累极了，收起翅膀，站在一根小树枝上喘气。就在这个时候，它忽然有了意外的发现，树底下有个小玻璃瓶，瓶子里居然还有水。

小乌鸦高兴地一头扎下去，到了瓶子跟前又伤心了。瓶子里虽然有水，可是水不够多，瓶口又很小，乌鸦再怎么使劲，也够不着水。要怎么办才好呢？

小乌鸦急得团团转，明明看到了水，可是又喝不到，这实在太难受了。嗓子里好像有把火在燃烧，烧得它心烦意乱。小乌鸦四下里打量着，看到附近有一堆小石子，它突然想出了一个好主意。

它高兴地扑腾着翅膀，从旁边一颗一颗地衔来小石子，放进瓶子里。瓶子里的水面渐渐往上升，小乌鸦终于喝到水了。

第 4 节

孕4月 胎宝宝长头发了

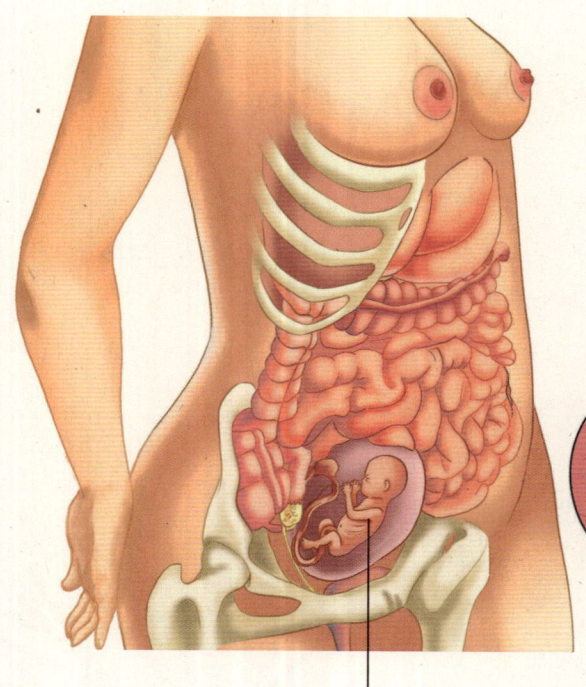

在第 16 周，胎宝宝的平均身长约是 16 厘米，平均体重约是 110 克。

大脑中的神经细胞正在发育，并从中央向外周延展

面部肌肉已经足够成熟，胎宝宝可以产生表情，比如皱眉

肠道还很不成熟，没有完备的功能，但可以接收胎宝宝所吞下的少量羊水

手的活动性加强，意味着胎宝宝可以吸吮自己的拇指了

皮肤非常光滑，呈现红色，皮下脂肪的含量很少

·胎教要点

这个阶段孕妈妈的新陈代谢速度加快，对营养的需求也增多了，全家人要以孕妈妈为中心，保证孕妈妈的营养。最好能增加维生素 B_1、维生素 B_2 的摄入量，但也要注意防止肥胖。

孕妈妈在孕育新生命的同时，也会为自己和宝宝的未来担心，此时要调整好自己的心态，通过看书、听音乐等方式来疏导或转移注意力，缓解忧郁的情绪。

孕妈妈适当运动能调节人体内分泌系统并促进血液循环，增强心脏和肺部功能，改善消化和代谢功能。此外，运动还能愉悦孕妈妈的心情，使孕妈妈乐观、平静地度过孕期。

营养胎教

· 饮食要点

1. 孕妈妈需要增加能量和各种营养，来满足胎宝宝身体发育的需要。

2. 蛋白质、钙和铁等的摄入量也要增加，这能促进胎宝宝肌肉和骨骼的发育。

3. 孕妈妈每天饮用6～8杯水，其中果汁的量控制在2杯以内，因为果汁甜度太高，对胎宝宝的骨骼发育不利。

· 优选食物

花生
富含蛋白质、锌、脂肪，对于胎儿大脑等发育很有好处。

燕麦
富含膳食纤维、β葡聚糖和B族维生素。在日常饮食中加入燕麦等粗粮，还能有效平稳血糖，预防妊娠糖尿病。

橙子
含有丰富的维生素C、果酸，可以提升食欲，和富含铁的肉类同食能促进铁的吸收。

紫菜
富含碘、钙等矿物质，可以避免碘缺乏，促进胎儿甲状腺的发育。

鳕鱼
富含优质蛋白质、DHA、维生素D等，有利于促进胎儿骨骼和大脑的发育。

绿豆
属于低升糖指数食物，富含膳食纤维、蛋白质、钾和钙，可预防孕期便秘、妊娠糖尿病。

营养菜谱

补铁补血

豌豆牛肉粒

材料 豌豆150克，牛肉200克，红椒10克。

调料 蒜片、料酒、生抽各10克，水淀粉30克，鸡汤40克，盐3克，姜片、香油各5克。

做法

1. 将牛肉洗净，切成粒；将红椒斜切成圈。
2. 在牛肉粒中加入料酒、盐和水淀粉拌匀，腌制15分钟。
3. 以大火烧开锅中的水，放入豌豆焯烫30秒，盛出放凉，捞出沥干水分待用。
4. 锅中倒油烧热，放入蒜片、姜片和红椒圈爆香，倒入腌好的牛肉粒翻炒片刻，加入豌豆，调入生抽、鸡汤和水淀粉翻炒均匀，淋入香油即可。

预防贫血补碘

海带排骨汤

材料 猪排400克，海带150克，莲藕100克。

调料 葱段30克，姜片15克，盐3克，料酒、香油各适量。

做法

1. 将海带洗净，蒸约半小时，取出，切成长方块；将猪排洗净，横剁成段，焯水后捞出，用温水洗净；将莲藕去皮，洗净，切块。
2. 在锅内加入适量清水，放入猪排、莲藕、葱段、姜片、料酒，用大火烧沸，撇去浮沫，然后转用中火焖烧约50分钟，倒入海带，再用大火烧沸10分钟，加盐调味，淋入香油即可。

语言胎教：准爸爸讲笑话

到了准爸爸表现的时候了，今天准爸爸要给孕妈妈和胎宝宝讲几个小笑话。一定要拿出你的幽默感，模拟不同人的声音，如果能带上动作就更棒了。

聪明孩子和笨孩子

一个聪明的孩子和一个笨孩子去考试，老师问聪明的孩子："谁发明了电灯？"

"爱迪生。"

"谁发现了镭？"

"居里夫人。"

"谁发现了地球有引力？"

"牛顿。"

"100分。"

聪明的孩子为了帮笨孩子，把答案告诉了他。

老师问笨孩子："你爸爸是谁？"

"爱迪生。"

"你妈妈是谁？"

"居里夫人。"

"谁告诉你的？"

"牛顿！"

适得其反

"这次算术考试得了多少分？"

"3分。"

话音刚落，"啪！啪！啪！"小明的屁股挨了爸爸三鞋底子。

"下次再考，得多少分？"

"下次我一分也不要了。"

大的和小的

晚上，3岁的佳佳躺在床上。

她请求母亲："妈妈，给我一个苹果吧！"

"孩子，太晚了，苹果已经睡觉了。"

"不，小的也许睡了，但大的肯定还没呢！"

星星会闪

在飞机上，空中小姐问一个小女孩说："为什么飞机飞这么高，都不会撞到星星呢？"

小女孩回答："我知道，因为星星会'闪'啊！"

情绪胎教：减少担心

这个月，孕妈妈的腹部已经明显地隆起了，并且通过胎心仪能听到胎宝宝的心跳声，有的孕妈妈能感觉到胎动了。孕妈妈与胎宝宝的亲密感逐渐增强，孕妈妈开始意识到胎宝宝是身体的一部分了，责任感油然而生。

·担心胎儿畸形

可能因为太在乎胎宝宝是不是健康，很多孕妈妈反而会胡思乱想，担心宝宝会不会有出生缺陷，会不会畸形，从而忧心忡忡。到孕 15～20 周，孕妈妈还会迎来唐氏综合征的产前筛查，在结果未出来前，很多孕妈妈也难免会担心和害怕。

其实胎儿畸形的概率很低，只要按照医生的嘱咐，按时做产检，及时知晓宝宝每个阶段的发育状况，就能及时发现问题。而且，心理暗示的作用是很强大的，孕妈妈想要生个身心健康的孩子，一定要给予胎宝宝积极的暗示，不要怀疑和担心，否则会影响胎宝宝的身心健康。

·担心体形无法恢复

进入孕中期，意味着进入了胎宝宝的生长加速期，孕妈妈的体重增长比较明显，很多孕妈妈会担心体重在生完宝宝之后不能恢复。其实怀孕期间只要保持营养均衡、适当运动，使体重在合理范围内增长，产后恢复一点儿都不难。

·经常担心和紧张，会降低免疫力

孕妈妈如果经常处于担心和焦虑的心理状态下，自身免疫力会相对下降，人就容易感染疾病，这对自身和胎宝宝的健康都非常不利。

运动胎教：有氧操

孕妈妈多做做轻松的有氧操，能帮助消耗热量，还有助于缓解紧张的情绪。如果在感觉舒适的情况下做到微微出汗，更有利于自身健康和胎宝宝的发育。

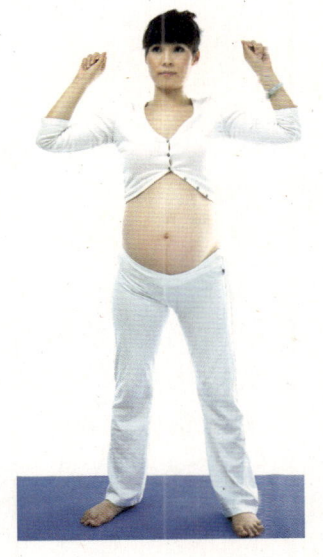

1　双腿与肩同宽，双臂上抬至肩膀，上身朝左右转动各3次。

2　手臂向后伸展，上身弯曲，尽力与地面平行，尽量抬起头，保持5～10秒。

3　双脚用力分开，蹲下，双手抓住跟腱处，保持3～5秒。

4　两脚分开，双腿尽量伸直（但不要勉强），双手抓住两脚踝，保持5～10秒。

音乐胎教：《维也纳森林的故事》

今天来听一听《维也纳森林的故事》圆舞曲。这支曲子表达了什么？那是一个晴朗的早晨，大森林如此宁静……听一听是什么声音由远及近地传来？有鸟叫声、马蹄声、铃铛声……

•什么时候听

在晴朗的早晨，阳光照进房间，孕妈妈打开音乐，一边听一边享受清晨温暖的日光，便会不自觉地对肚子里的宝宝发出感慨："生活真美好啊！"

•跟着曲子想象

这首乐曲由序曲、5个圆舞曲和尾声构成，用活泼轻快又优雅流畅的旋律描绘了优美的风景。孕妈妈听着乐曲，便会在眼前呈现这样的画面：春天的早晨，晨曦透过浓雾照进维也纳森林，鸟儿婉转鸣叫，小河波光粼粼，画面色彩斑斓。人们吹起角笛，唱起牧歌，并随着旋律轻歌曼舞。欢乐的场面散发着浓浓的奥地利乡土气息。

•关于这支曲子

奥地利首都维也纳的郊区有一片美丽的森林，它离城市不远，吸引了千千万万的游人。这片森林也是许多居住在维也纳的大作曲家们经常光顾的地方，森林的美景常常激起他们的创作灵感。这首曲子的作者约翰·施特劳斯是地道的维也纳人，《维也纳森林的故事》圆舞曲就是他献给故乡的赞歌。

 马医生贴心话

任何时候想做胎教就做对不对？

胎宝宝的大部分时间是在睡眠中度过的，胎教要尽量避开胎宝宝的睡眠时间。孕妈妈要逐渐掌握他的活动规律，在每天固定的时段进行胎教，这样有利于让胎宝宝养成规律的生活习惯。另外，做胎教时，孕妈妈要非常用心、专心，这样能让胎宝宝更好地接受胎教，也有利亲子关系的建立。

胎教故事：《有多爱你》

这个小故事充满爱意，孕妈妈和准爸爸可以分角色朗读这个温情满满的故事，让宝宝知道，你们有多爱彼此。

月亮出来了，小宝贝要上床睡觉了。他紧紧地抱着爸爸的脖子不松手："爸爸，爸爸，你猜我有多爱你？""你有多爱我？"爸爸笑着问。

小宝贝听后将手抬高，抬到不能再高时说："我爱你，有这么高。不，比这还要高，高到够不到。"爸爸笑笑说："我爱你，也有这么高，高到够不到。"小宝贝想了想，爸爸的手臂比我长，举得比我高，岂不是说他爱得比我多。

小宝贝想了想，又有了好主意："爸爸，我爱你像我看到的那样远。"爸爸笑着说："是的，我爱你像我看到的那样远。"

小宝贝说："我爱你，一直到窗外的柳树上，一直到远远的山边。"爸爸说："我爱你，越过了小山，越过了海洋，一直到海的那边。"

小宝贝想，我只到过山边，却没见过海边，海的那边一定非常非常远。到底怎么样，才能比爸爸爱得更多呢？小宝贝想着想着就困了，他望着窗外，越过了柳树枝，看到了天空中弯弯的月亮。

对了，一定没有东西比月亮更远了。

小宝贝慢慢地闭上了眼睛，马上就要睡着了。在睡着之前，他轻声地说："爸爸，我爱你，一直到月亮那里。""一直到月亮那里，好远好远。"爸爸轻轻拍着小宝贝说："爸爸爱你，从这里到月亮那里，转个圈再回来。"

第 5 节

孕5月 妈妈能感觉到胎动了

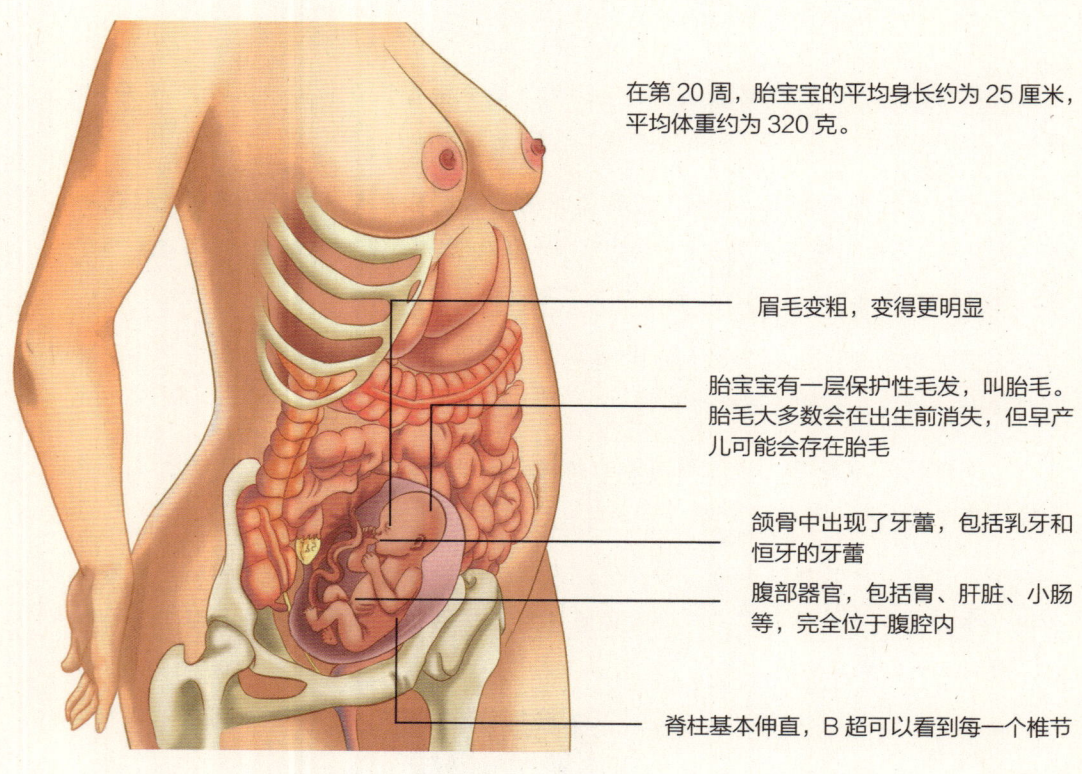

在第20周,胎宝宝的平均身长约为25厘米,平均体重约为320克。

- 眉毛变粗,变得更明显
- 胎宝宝有一层保护性毛发,叫胎毛。胎毛大多数会在出生前消失,但早产儿可能会存在胎毛
- 颌骨中出现了牙蕾,包括乳牙和恒牙的牙蕾
- 腹部器官,包括胃、肝脏、小肠等,完全位于腹腔内
- 脊柱基本伸直,B超可以看到每一个椎节

·胎教要点

孕中期要注意补铁,多吃瘦肉、鱼虾等食物,有助于补充血红蛋白,改善和纠正贫血,保证孕妈妈的营养充足,胎宝宝也会从中受益。

孕妈妈不能因困乏就产生"不想动"的想法。多运动便能呼吸到新鲜的氧气,排出身体的废物,提高身体的抵抗能力,从而生出一个健康宝宝来。

孕妈妈可以读一读优美的散文或诗,或者去看看画展,感受艺术的无边魅力,带给宝宝美的享受。

营养胎教

•饮食要点

1. 孕妈妈可以通过吃主食来获取较多热量,在孕中后期,应每天摄取250～350克主食。可以通过多吃肉类来增加脂肪的摄取。

2. 孕妈妈可通过适量增加优质蛋白质,如豆制品、禽类、蛋类、海产品、动物内脏等,来满足自身和胎儿对蛋白质的需要。

3. 孕妈妈要多食新鲜的蔬果,能补充维生素、纤维素和矿物质,其中的纤维素还能有效防止便秘。

•优选食物

梨

可让孕妈妈获得多种维生素和矿物质,中医认为梨可以生津润燥,清热化痰。

黄豆

可为孕妈妈提供膳食纤维、卵磷脂、钙、大豆异黄酮等成分,能促进胎儿大脑发育。

海带

富含碘、钾、铁等矿物质,还富含维生素B_2,非常有利于胎儿器官和视力发育。

豆芽

含有丰富的蛋白质、叶酸、维生素C和钙,有利于为孕妈妈补充营养,也有助于胎儿骨骼和大脑的发育。

鹌鹑蛋

富含蛋白质和卵磷脂,有利于促进胎儿大脑和神经系统发育。

芹菜

富含维生素C、钾和膳食纤维,有助于帮助孕妈妈预防和缓解孕期便秘。

营养菜谱

改善免疫力

竹笋炒鸡丝

材料 鸡肉250克,竹笋100克,青椒、红椒各30克。

调料 葱段、姜片各5克,料酒、盐各2克,水淀粉、植物油各适量,鸡精1克。

做法

1. 将鸡肉洗净,切丝,加盐、料酒、水淀粉拌匀后腌渍待用;将竹笋洗净,切丝,焯水;将青椒、红椒去蒂、去籽,洗净,切丝。
2. 锅内倒油烧热,爆香葱段、姜片,放入鸡肉炒散,加竹笋、青椒、红椒翻炒,加适量水,盖锅盖焖至将熟,加盐、鸡精炒匀即可。

促进钙质吸收

鲜奶玉米汤

材料 牛奶500克,甜玉米150克。

调料 冰糖15克。

做法

1. 将甜玉米从罐头中取出,洗净,煮熟。
2. 在锅中倒入牛奶烧开,倒入甜玉米,加少许冰糖搅动一两分钟,关火。

情绪胎教：积极应对易怒与焦虑，避免孕期抑郁

有些孕妈妈在孕期会出现焦虑、爱哭泣和脾气暴躁的情况，总是吃不好、睡不好，无法集中注意力；经常控制不住脾气，因为一件小事就大发雷霆，越想克服越无法控制，反而更加烦闷。要积极应对这种情绪，避免孕期抑郁症的发生。

·尽量让自己放松

放下那种想要在宝宝出生以前把一切打点周全的想法，不要老是想着该给孩子准备这、准备那。俗话说"车到山前必有路，船到桥头自然直"，这当然不是说不准备什么，只是不要过分焦虑。怀孕的时候要休息、放松，把身体保养好。没事时看看小说、听听音乐，到公园里走走，或者干脆美美地睡上一觉，都有利于放松心情。

·多和丈夫交流

孕期虽然只有短短的 10 个月，却是每个女人最敏感的时期。这时夫妻之间需要沟通和理解，准爸爸不仅要在生活上悉心照顾妻子，更要在精神上开导和理解妻子。夫妻之间应及时沟通，共同面对未来的挑战。

·将情绪表达出来

孕妈妈们一旦发现自己有抑郁倾向，一定要向爱人和朋友们说出来，明确地告诉他们你的感觉，把不良情绪表达出来。倾诉是避免抑郁的最直接的方法，亲人朋友知道你的真实想法后，会给予必要的帮助。

·进行积极治疗

如果做了种种努力，情况仍不见好转，或者发现自己已不能胜任日常工作和生活，或者发现有伤害自己和他人的冲动，应该立即寻求专业人士的帮助。以免病情延误，给自己和胎宝宝带来不良后果。有的孕妇害怕去见精神科专家，认为这会使自己与精神病挂上钩，其实完全不必担心，你要理智、客观地把它看成保证自己和胎儿健康而采取的必要措施。

运动胎教：半蹲练习、橡皮带操

孕 5 月，孕妈妈整体感觉比较舒适，腹部隆起明显。多动一动，多呼吸新鲜的空气，有助于排出身体内的废物，增强身体的抗病能力。

· **半蹲练习**

两脚自然分开，与肩同宽，手臂自然下垂并放在身体的两侧，目视前方。吸气时，屈膝半蹲，手臂向前平举，呼气时还原，反复练习 10 次。

· **橡皮带操**

1. 将橡皮带放在瑜伽垫子或毯子上，盘腿坐在皮带上。双手握住橡皮带的两端，自然地放在身体两侧。

2. 吸气时，手臂向身体两侧平举，呼气时还原，反复练习 10 次。

手工胎教：手影游戏

孕妈妈可以做些手影游戏，不仅能锻炼手部，还能牵引手腕、胳膊、肩部等部位进行活动。这些活动是在中枢神经系统的调配下完成的，能促进大脑皮质相应部位的生理活动，提高人的思维能力，同时还能通过信息传递来促进胎宝宝的大脑发育。在宝宝出生后，还可以和宝宝一起做这个游戏。

小猫　小狗　兔子

孔雀　鹅　鳄鱼

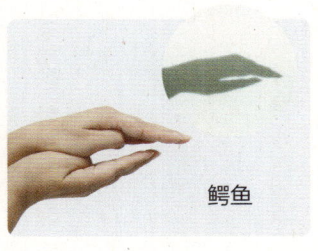

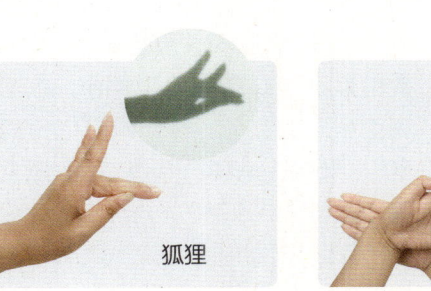
狐狸　鹰　豹

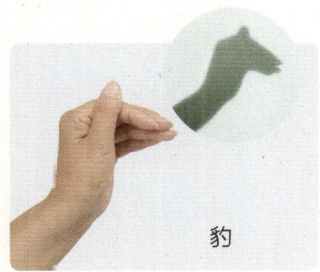

光照胎教：孕妈妈晒太阳了

勤晒太阳对孕妈妈来讲是既重要又经济的补钙良方。天气好的话，孕妈妈就可以在阳光温暖、光线又不太强烈的地方晒晒肚皮，让宝宝感受光线，还能补充一定的维生素 D，促进钙质吸收，帮助宝宝的骨骼发育。

• 晒太阳要注意的事

注意避免高温炎热的天气

在高温下，孕妈妈会感觉不适。而且，为降低体温，孕妈妈的血管会自动收缩，通过血管向胎儿输送的养分也随之减少。在怀孕后期，高温还会导致孕妇早产，增加流产概率，所以要避免在夏季中午最热的时候到户外晒太阳。

防晒装备

孕妇对紫外线更为敏感，在日晒后，会比其他人产生更多的色素沉着，面部雀斑也会加重。所以，在多吃富含维生素 C 的果蔬的同时，孕妈妈最好使用物理性的防晒方法。化学防晒霜或美白霜最好不要用，因其可能含有铅、铬等有害成分。

每天的日晒时间

晒太阳要足量，冬季每天不少于 1 个小时，夏季每天不少于半小时。特别是对于那些久坐办公室或在地下室等场所工作的女性更为重要。

掌握每天最佳日晒时间

上午 9～10 点，下午 4～5 点，这是每日的最佳日晒时间。

? 你知道吗

职场妈妈可按摩腹部，让胎宝宝配合工作

孕 5 个月的胎宝宝已经能够"聆听"妈妈的声音了，因此孕妈妈也不要总是沉浸在自己的工作中，忘记和胎宝宝的交流。孕妈妈可以每隔 30～45 分钟按摩一次腹部，让胎宝宝感觉到妈妈的存在，从而增加安全感，并告诉胎宝宝："在妈妈工作时不要乱踢乱动。"

胎教故事：《龟兔赛跑》

今天，孕妈妈要给宝宝读一则耐人寻味的寓言故事，一只骄傲的兔子和一只坚持不懈的小乌龟之间发生的事。这个故事可以让宝宝明白，只有脚踏实地地做事情，不要半途而废，才能取得胜利。

兔子长了四条腿，一蹦一跳，跑得可快了。乌龟也长了四条腿，爬呀，爬呀，爬得真慢。

有一天，兔子碰见乌龟，笑眯眯地说："乌龟，乌龟，咱们来赛跑，好吗？"乌龟知道兔子在跟他开玩笑，眯着一双小眼睛，不理也不睬。兔子知道乌龟不敢跟他赛跑，乐得冲着乌龟做鬼脸。

乌龟生气地说："兔子，兔子，你别神气活现的，咱们现在就来赛跑。"

兔子一听，差点笑破了肚皮："乌龟，你真敢跟我赛跑？那好，咱们就从这儿跑起，看谁先跑到山脚的那棵大树下。"话音刚落，兔子撒开腿就跑，跑得真快，一会儿就跑得很远了。他回头一看，乌龟才爬了一小段路。心想乌龟敢跟我兔子赛跑，真是天大的笑话！我在这儿睡上一觉，让乌龟爬到前面去，我三蹦两跳地就追上了。兔子把身子往地上一歪，合上眼皮，真的睡着了。

再说乌龟，爬得可真慢，可是他一个劲儿地爬，等他爬到兔子旁边，已经累坏了。兔子还在睡觉，乌龟也想休息一会儿，可他知道兔子跑得比较快，只有坚持爬下去才有可能赢。于是，他不停地爬。离大树越来越近了，只差几十步了，十几步了，几步了……终于到了。

兔子呢？他还在睡觉呢！兔子醒来后往后面一看，乌龟怎么不见了？再往前一看，不得了！乌龟已经爬到大树底下了。兔子这下真急了，急忙赶上去，可已经晚了。乌龟胜利了。

第 6 节

孕6月 胎宝宝能听到声音了

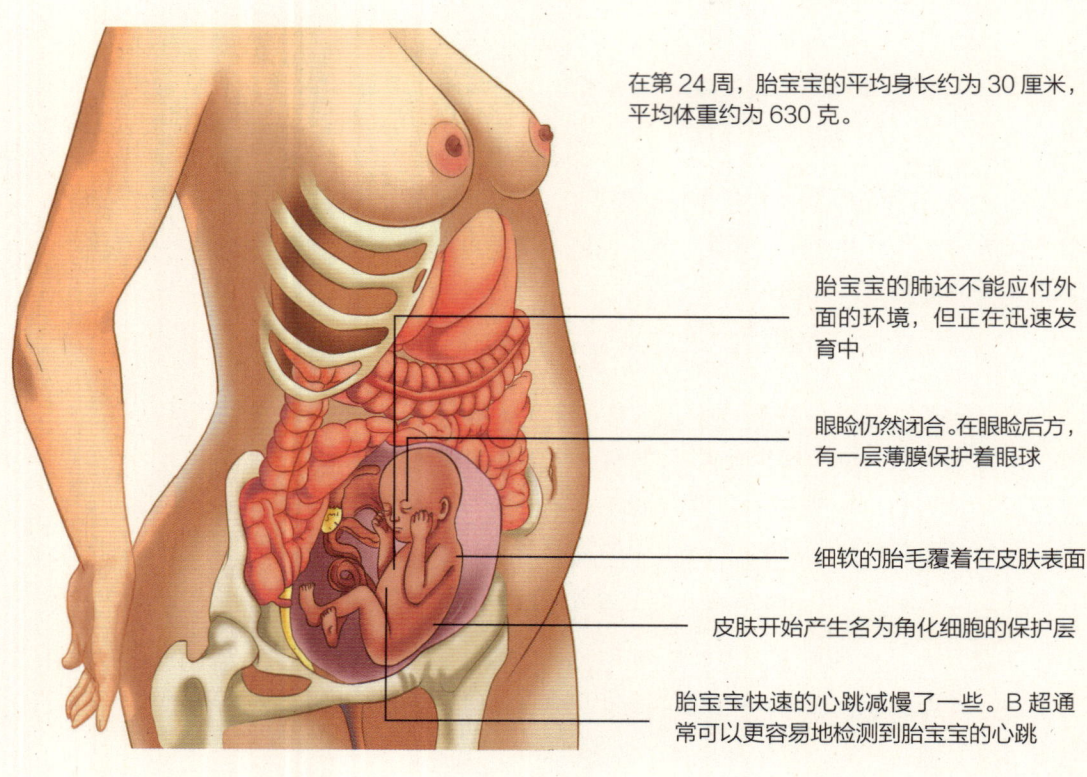

在第 24 周,胎宝宝的平均身长约为 30 厘米,平均体重约为 630 克。

胎宝宝的肺还不能应付外面的环境,但正在迅速发育中

眼睑仍然闭合。在眼睑后方,有一层薄膜保护着眼球

细软的胎毛覆着在皮肤表面

皮肤开始产生名为角化细胞的保护层

胎宝宝快速的心跳减慢了一些。B 超通常可以更容易地检测到胎宝宝的心跳

·胎教要点

宝宝的恒牙胚在乳牙胚的深部开始发育,要多补充蛋白质、钙质、维生素 A、维生素 C、维生素 D 等,让宝宝的牙齿发育得更好。

孕妈妈如果白天遇到了烦心事,晚上不要总是在心中盘算、懊恼、担心,要想得开、放得下,心境平和,没有杂念,才能有效避免不良情绪。

宝宝的肌肉、骨骼生长迅速,需氧量会加大。每天清晨或傍晚,孕妈妈最好能去户外活动一下,呼吸新鲜空气,有助于增强宝宝的活力,培养宝宝的灵性。

营养胎教

·饮食要点

1 孕妈妈子宫膨大,压迫到胃部,虽然很容易饿,但是多吃的话,容易导致胃痛,所以此时应该坚持少食多餐的饮食原则。

2 很多孕妈妈会因为缺少维生素C而出现牙龈出血的情况,所以孕妈妈应该多吃蔬菜和富含维生素C的水果,如橘子、橙子等。如果情况没有得到及时改善,就需要及时就医。

·优选食物

白菜

富含维生素C、维生素B_1、钙、膳食纤维等成分,可以促进铁吸收,还能润肠通便。

玉米

富含碳水化合物、膳食纤维、B族维生素,能补充体力,改善孕期疲劳。

西蓝花

含有丰富的维生素C、胡萝卜素和钙、磷、铁、钾、锌等矿物质,不仅能为孕妈妈和胎儿提供丰富的营养,还能有效预防妊娠斑。

带鱼

虽然脂肪含量较高,但多为不饱和脂肪酸,且富含磷脂,有利于促进胎儿大脑发育。

猪肝

富含铁和维生素A,适量食用猪肝,可改善和纠正孕妈妈缺铁性贫血,还可为胎儿的发育补充足量的铁,并有利于胎儿视力发育。

腰果

蛋白质、矿物质含量比较高,所含的脂肪多为不饱和脂肪酸,可促进胎儿大脑发育,其富含的油脂有利于润肠通便,还能预防妊娠纹。

营养菜谱

健脑益智

番茄炒鸡蛋

材料 番茄 250 克,鸡蛋 2 个。
调料 葱花 5 克,白糖 10 克,盐 2 克,植物油适量。

做法
1. 将鸡蛋打散;将番茄洗净,切块。
2. 锅内倒油烧热,下蛋液炒至表面焦黄,捞出。
3. 锅内留底油烧热,爆香葱花,放入番茄块翻炒至熟,放白糖、盐和炒好的鸡蛋,翻炒均匀即可。

预防贫血

菠菜炒猪肝

材料 猪肝 250 克,菠菜 100 克。
调料 水淀粉 30 克,料酒 10 克,葱末、姜末、蒜末各 5 克,盐 2 克。

做法
1. 将猪肝洗净,切片,加水淀粉、料酒抓匀上浆;将菠菜择洗干净,焯水,捞出沥干,切段。
2. 将锅置火上,倒油烧至六成热,炒香葱末、姜末、蒜末,放猪肝片炒散,放菠菜段、盐,炒匀即可。

情绪胎教：职场妈妈如何减压

有很多女性怀孕后依然坚守在工作岗位上，只要控制好工作的强度和工作时间，其实这更有益于胎儿健康。

·减轻负荷

要在工作中学会劳逸结合，在完成工作任务的同时注意休息，以免出现过度疲劳。情绪上，不要把自己搞得很紧张，甚至焦虑不安，否则对自己和胎宝宝都没有益处。

·调节生活

慢慢调节生活节奏以适应新生活，接受因为暂时性变化导致的不安情绪，应尽快适应新生活，并学会保护自己和腹中的胎宝宝。

·必要时调职

如果孕妈妈的工作较为繁重，最好尽早通知公司，并和公司商讨怀孕后的工作安排。有些公司会应孕妈妈的需求而特别将其安排或调配到其他工作岗位上。

如果孕妈妈从事的是特殊行业（如化工、核工业等），在备孕阶段就应该和工作单位协商并调整工作。如果是意外怀孕，要尽早和单位协商调动工作。

·避免加班

工作应适可而止，不要经常加班、熬夜，应尽量利用上班时间完成工作，避免将工作带回家中。

·采购减压

在休息日和准爸爸一起采购，准备分娩用品和生活必需品。两个人一起逛逛母婴用品店，了解相关物品的使用方法，为将来育儿做准备。

有些事情提前考虑，早做安排。将来宝宝的照顾问题也应提早考虑。根据实际情况考虑是找专职保姆还是请老人帮忙，抑或准备自己陪孩子成长。

在工作中，将在休产假期间可能要做的工作进行交接，不要到预产期才突然请产假，以免影响工作的进度和流程。

语言胎教：妈妈唱儿歌

民间的很多儿歌朗朗上口，趣味盎然，孕妈妈要学着哼唱给宝宝听，不仅可以安抚宝宝，而且宝宝在妈妈的感染下，节奏感和语言感会很好！

西瓜船

一只西瓜切两半，
变成两艘月亮船！
一艘开到爸身边，
爸爸爸爸尝尝鲜！
一艘开到妈面前，
妈妈妈妈尝尝鲜！
爸爸边吃边说好，
妈妈边吃边说甜。

五指歌

一二三四五，
上山打老虎。
老虎没打到，
见到小松鼠。
松鼠有几只？
让我数一数。
数来又数去，
一二三四五。

摇摇船

摇，摇，摇，
摇到外婆桥。
外婆对我笑，
叫我好宝宝。
糖一包，果一包，
吃完饼儿还有糕。

小白兔

小白兔，白又白，
两只耳朵竖起来，
爱吃萝卜爱吃菜，
蹦蹦跳跳真可爱。

春天到

春天到,春天到,
花儿朵朵开口笑。
草儿绿,鸟儿叫,
蝴蝶蜜蜂齐舞蹈。

小蜗牛

小蜗牛儿背书包，
慢腾腾儿上学校，
东瞧瞧,西瞧瞧，
爬到太阳落，
刚刚到学校，
往里看一看，
已经放学了。

运动胎教：背部放松运动

孕妈妈在运动过程中能增强信心，改善心情，而将这种情绪传递给胎宝宝，有积极的正面作用。背部放松运动的动作难度不大，对放松背部和肩颈效果都不错。

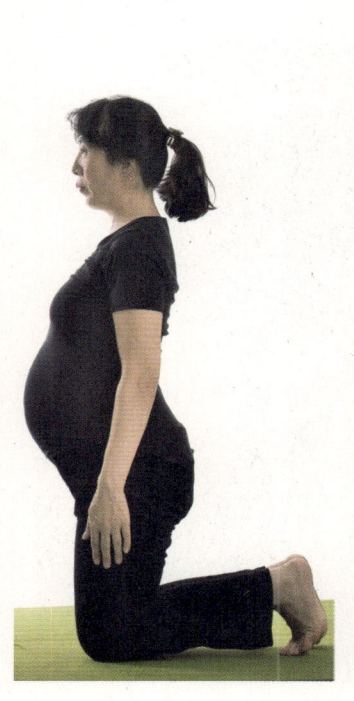
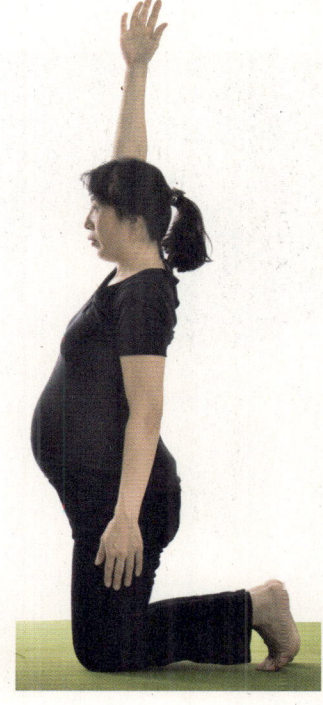
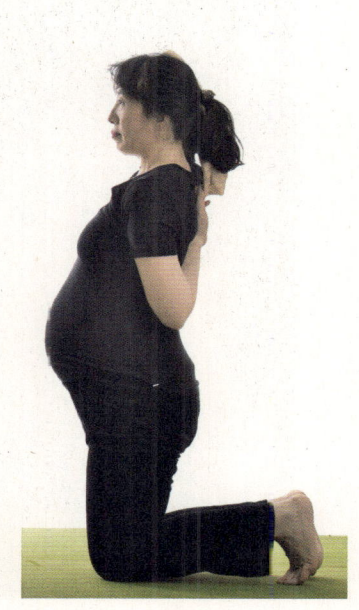

1 跪姿，背部挺直，脚趾支撑地面，双臂自然垂放在身体两侧。

2 抬右臂，尽量向上伸展，掌心向左贴近耳朵。

3 左臂向背后弯曲，右臂向下弯曲，双手指尖相触，尽量相扣，保持3～5秒。换方向重复上述动作。

美育胎教：《诱惑》

这幅画的作者叫布格罗，是法国19世纪最受欢迎的画家之一。画中美丽的妈妈随性地伏在地上，拿着一只苹果，苹果又红又圆。可爱的小女孩望着妈妈，禁不住流露出渴望的神情。整幅画充满浓浓的田园情调，给人以美好、纯洁的视觉享受。

妈妈经验谈

郝女士的胎教路

乐乐的妈妈郝女士是一位医学研究生，她是一个很注重胎教的人，在还没怀孕之前就意识到胎教是所有教育的基础，必须先把基础打好，孩子的未来教育才会更有效果，所以郝女士在怀孕时就下意识地对宝宝进行胎教。在怀孕后，她和丈夫对宝宝进行了有规律的胎教，每天早上抽出半小时聆听胎教音乐，晚上睡前进行各种传统胎教（营养胎教、运动胎教、光照胎教等）。乐乐很早就会开口说话，不到两岁就会用简单的词语造句，到4岁时获得儿童歌唱比赛冠军。

手工胎教：剪只漂亮的蝴蝶

今天孕妈妈来尝试自己动手做剪纸。学做剪纸有一个由简到繁、由易到难的过程，是不错的手工胎教选择。

• 剪纸的简单步骤

1. 对画面进行具体的构思、勾勒、描绘，画出黑白效果。没有剪纸、刻纸经验的孕妈妈不妨从简单的图案开始做起，先剪一个桃子、一只梨、一只蝴蝶等图案。

2. 用刀子刻，先将图案和纸用订书机订好，将四角固定在蜡盘上。为了保证形象的准确，人物先刻五官部分，花鸟先刻细部或关键处，再由中心慢慢向四周刻。用刀的顺序如同写字一样由上到下，由左到右，由小到大，由细到粗，由局部到整体。尽量避免重复用刀，不要的部位必须刻断，不能用手撕，否则剪纸可能带毛边而影响美观。

3. 刻完后需要把剪纸揭开来，电光纸、绒面纸因纸面光滑，比较容易揭开。单宣纸和粉连纸因纸质轻薄而容易互相粘连，较难揭开，在揭离之前，必须先将刻好的纸轻轻揉动，使纸张互相脱离，然后先将第一张纸角轻轻揭起，一边揭一边用嘴吹。

4. 分离完毕后，把成品粘贴起来保存即可。

? 你知道吗

剪纸也是一种美育胎教

不用计较自己剪得好不好，可尝试剪个小娃娃，或是宝宝的属相，只要自己享受到剪纸的快乐，向胎宝宝传递深深的爱、传递美的信息就可以了。

音乐胎教:《四季》之《春》

这是一首非常好听的小提琴曲。乐曲描绘了一幅春临大地的画面。和风吹拂,溪流潺潺,仙女和牧羊人随着愉悦的旋律在草原上婆娑起舞,多么美好呀!孕妈妈也可以一边轻轻抚摸腹部,一边随着音乐的节拍微微晃动身体,并展开想象的翅膀,将头脑中的画面通过意念传递给胎宝宝。

关于这首曲子

这首乐曲是意大利著名作曲家维瓦尔第创作的小提琴协奏曲《四季》当中的第一首。《四季》是维瓦尔第著名的作品,非常适合作为胎教音乐。

 马医生贴心话

注意音乐要与宫内胎音合拍

胎儿的耳蜗从孕妈妈怀孕第20周起开始发育,极易遭受噪音损害。因此,在选择音乐时要注意,尽量选择频率、节奏、力度均与宫内胎音合拍的音乐。在播放的过程中不要使用普通传声器,并尽量降低噪音。还应避免悲壮、激烈、亢奋的乐段。进行音乐胎教的时间应该适度,以每天2次,每次20~30分钟为宜。

胎教故事：《盲人摸象》

今天，孕妈妈给宝宝读读《盲人摸象》的故事吧！妈妈别忘了问问宝宝："你说盲人们说得对吗？你知道大象究竟是什么样子吗？"然后，再将大象的样子描述给宝宝听。

从前，有个国王家里养了一头大象。一天，他骑着大象在街上游玩，忽然看见六个盲人在路旁休息，国王就问他们："你们知道大象是什么样子吗？"

盲人们一齐摇头，说："尊敬的陛下啊！我们不知道。"

国王笑了："那你们就自己去摸摸，然后告诉我大象是什么样子。"

盲人们赶紧围着大象摸起来。

一个盲人摸到了象牙，就说："陛下，我知道大象是什么样子了，大象像一把剑，尖尖的、硬硬的。"

另一个盲人摸到了象腿，就说："不对不对，大象像一个大柱子，高高的、粗粗的。"

"不对不对，你们说错了。大象像一根绳子，软软的、细细的。"第三个盲人抓住大象的尾巴得意地说。

第四个盲人凑巧摸到了大象的肚子，急忙说："你说的也不对，大象就像是一面大墙，厚厚的、平平的。"

"难道你们都傻了吗？大象其实最像一个大扇子，很有趣。"第五个盲人轻轻抚摸着大象的耳朵。

"你们全错了，大象才不像你们说的那样呢！大象是一个大粗管子，很长很粗，很有弹性。"最后说话的盲人紧紧抱住大象的鼻子，十分肯定地说。

国王和周围的人听了盲人们的话都哈哈大笑。

第 7 节

孕7月 胎宝宝的眼睛能睁开了

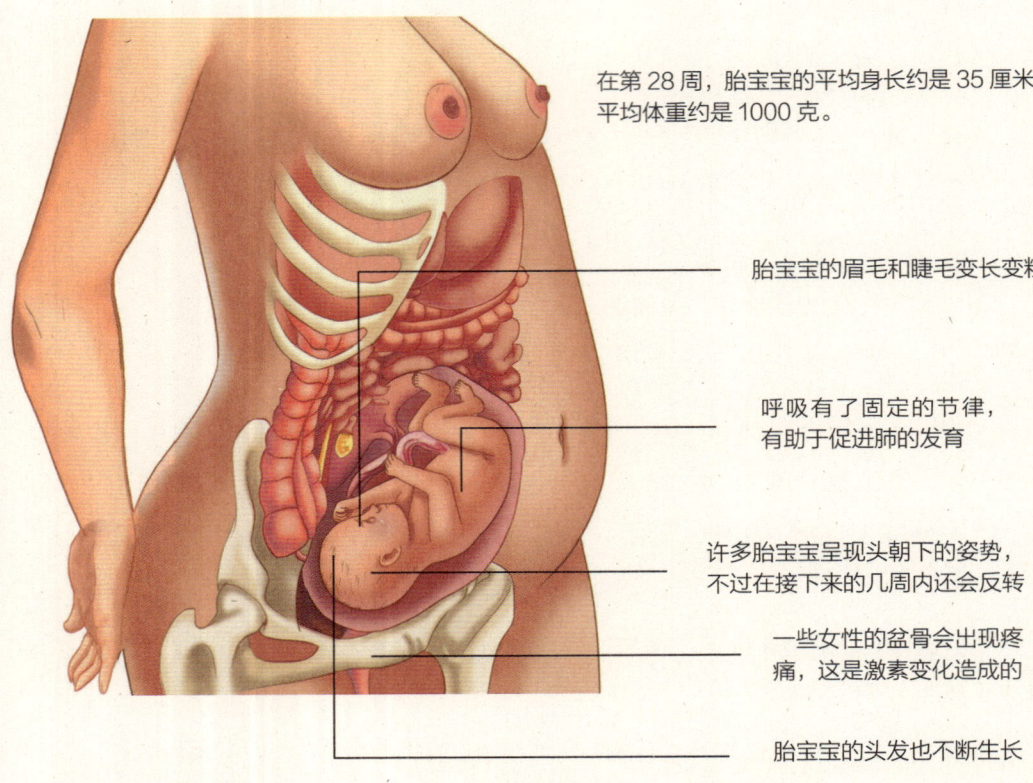

在第 28 周，胎宝宝的平均身长约是 35 厘米，平均体重约是 1000 克。

- 胎宝宝的眉毛和睫毛变长变粗
- 呼吸有了固定的节律，有助于促进肺的发育
- 许多胎宝宝呈现头朝下的姿势，不过在接下来的几周内还会反转
- 一些女性的盆骨会出现疼痛，这是激素变化造成的
- 胎宝宝的头发也不断生长

·胎教要点

孕妈妈的子宫已经占据了大半个腹部，胃部被挤压，饭量受到影响，常有吃一点儿就饱的感觉。但孕妈妈不应因此而减少营养，应一日多餐，摄取均衡的营养，保证宝宝的发育。

孕妈妈的情绪对宝宝的影响更大了，因此孕妈妈要想尽办法让自己处于快乐之中。

孕妈妈要多给宝宝讲故事，虽然宝宝听不懂，但清晰的话语能使宝宝感受到语言的美妙，有助于启迪宝宝的心智。

营养胎教

饮食要点

1. 水肿的孕妈妈，特别是由于营养不良引起水肿的孕妈妈，需要特别注意摄入足够的优质蛋白质。

2. 蔬菜和水果中含有人体必需的维生素和矿物质，可以改善人体的免疫力，加速新陈代谢，还有解毒利尿的作用。

3. 多吃富含膳食纤维的食物，如糙米和蔬果，每顿饭至少含有2种果蔬，这样可以缓解便秘的痛苦。

优选食物

黄瓜
富含维生素C、膳食纤维，可帮助孕妈妈排毒、护肤，预防妊娠斑的形成，还能促进排便，预防便秘。

豌豆
富含叶酸、蛋白质、铜。孕妈妈适量摄入铜，可促进铁的吸收，避免贫血，还可以增强胎膜的弹性，避免早产。

芦笋
富含叶酸、膳食纤维，对促进胎儿大脑发育很有帮助，还可以帮助孕妈妈改善便秘的情况。

油菜
富含叶酸、维生素C、膳食纤维等，可以促进胎儿细胞生长，还有助孕妈妈肠道健康。

松子
含有丰富的膳食纤维、不饱和脂肪酸和矿物质等，能促进胎儿神经系统的健康发育，还有利于缓解孕妈妈便秘。

瘦肉
富含优质蛋白质，能为胎儿肌肉和骨骼的生长提供必要的营养。

营养菜谱

补脑益智

小米花生粥

材料 花生仁30克,小米20克。

做法

1. 将花生仁洗净,泡3小时;将小米淘洗干净。
2. 锅置火上,加适量清水煮沸,把小米、花生仁一同放入锅中,以大火煮沸,转小火继续熬煮至黏稠即可。

补充DHA和卵磷脂

清炒鳝鱼

材料 鳝鱼400克。

调料 葱花、姜末、料酒、酱油各5克,白糖8克,香油少许,盐2克,水淀粉15克,植物油适量。

做法

1. 将鳝鱼处理干净,去骨,切丝,洗净。
2. 锅内倒油烧热,放入鳝鱼丝翻炒,加姜末、料酒、酱油、白糖和盐翻炒均匀,加入适量清汤烧透入味,用水淀粉勾芡,放葱花,淋上香油即可。

情绪胎教：冥想让心绪安宁

孕期，孕妈妈的心情容易受外界的影响发生变化，冥想可以帮助调整杂乱的心绪，给宝宝营造良好的内部环境。每天进行冥想，或者有烦恼的时候做一做冥想练习，可以获得内心的平静，促进自身和胎宝宝的健康。

冥想是一种有效的精神减压法。先集中精神进行自我呼吸，抛除心中杂念，将意念集中在呼气和吸气上，渐渐地，呼吸就能变平缓，精神也能安定下来。

• 冥想的姿势

盘腿而坐，下巴微收，拇指和食指连成圆环，掌心向上，双手自然地放于双膝处，闭目冥想。也可平躺在床上，放松全身进行冥想。

• 意识呼吸冥想

将意识集中在一呼一吸之间，盘腿而坐，闭上双眼，轻轻吸气，想象着吸入了大量养分，这些养分正在慢慢散布整个身体。呼气时想象着将体内的废气呼出。反复练习5～10分钟。

• 美好场景冥想

这种冥想方式要求发挥想象，想象自身身处美景中，让身心得到安全、舒适感。

平静自然地呼吸，想象自己慢慢进入美好的环境当中，比如正走进充满阳光的花园，轻风拂面，花朵盛开，鸟儿鸣叫，令人心旷神怡。每次持续5～10分钟，这种对美好环境的想象能让孕妈妈和胎宝宝产生幸福感。

 马医生贴心话

想象内容要是美好的

由于胎宝宝意识的存在，准妈妈自身的语言、感情、行为和想象内容均能影响胎宝宝，所以准妈妈所进行想象的内容应该是美好的，要尽量排除不良的意识。准妈妈平时可以在家中贴一些可爱宝宝的图片，想象一下将来自己宝宝的美好形象，这样能让自己保持愉快的心情。

语言胎教：准爸爸讲笑话

准爸爸要开始讲笑话了，宝宝已经非常熟悉爸爸的声音了，一听到爸爸浑厚深沉的嗓音就会显得非常开心。

雨天求伞

一个下雨天，一位夫人走进一家咖啡馆并询问侍者："我昨天在这里喝完咖啡后，有没有留下了一把雨伞？""是什么样子的伞，太太？""随便什么样子都行，只要是伞就行！"

千万别喝水

宝宝不小心吞下一粒橘子核，邻居小弟弟对他说："你千万别喝水，我哥哥说种子得到了水分和养料，就会发芽、生长。你要喝了水，头上就会长出橘子树来！"

修雨靴

一场大雨过后，小灵拖着爸爸的一双大雨靴玩水。雨靴破了个洞，进水了。小灵想：这好办，只要再开个洞，让水流出去就行了。于是，他用剪刀在靴底又开了一个洞。可是雨靴里的水越积越多。小灵叹气道："到底要开几个洞，水才能出去呢？"

伞状蘑菇

儿子："爸爸，蘑菇是长在潮湿的地方吗？"爸爸："是的，长在爱下雨的地方。"儿子："怪不得蘑菇要长成伞的形状。"

运动胎教：门闩式

门闩式运动可以拉伸孕妈妈的背部，有助于增强腰腹部血液循环。经常练习能让身体有柔软感，也会让胎宝宝感觉更舒服。

1 跪姿，挺直腰背，右腿向右侧伸直，吸气，双手臂侧平举。

2 呼气，上身缓慢向右侧弯曲到最大限度，右手落在右腿上，左臂向头顶上方拉伸。

3 吸气，慢慢抬起上身，收回右腿，还原到第1步，再做对侧练习。

第2步也可以改成双手在头上方合并，身体向右侧弯曲。对侧亦可。

光照胎教：和宝宝来做光敏感游戏

光照胎教可以训练胎宝宝的视觉功能，还能帮助他感知昼夜的规律。孕妈妈来尝试一下。

·实施方法

光照胎教最适宜的时间是晚上8～9点，这是胎宝宝胎动活跃的时期。孕妈妈用手电筒的微光一闪一灭地照射腹部，反复3次。你可以一边做，一边和胎宝宝说话，例如告诉他"现在是晚上，我们玩一会儿，然后我们可以听听音乐，睡个好觉，再做个好梦"。

也可以在白天晒太阳的时候，摸着自己的腹部，告诉胎宝宝，现在是什么时间，天上有没有云朵，阳光有多温暖，外面的世界有多美丽。

·注意事项

光照胎教要配合胎宝宝的作息时间，当胎动明显时，说明胎宝宝是醒着的，这时候可以做光照胎教，而在宝宝睡觉时不宜进行。经过与胎宝宝6个月的相处，孕妈妈对胎宝宝的作息规律已了然于心，配合胎宝宝的作息时间也不是难事。

当然，对作息不太规律的胎宝宝，孕妈妈就要细心体察了。通过光照胎教，是可以调整胎宝宝作息的。每天在白天固定的时间用手电筒的微光照射腹部3次，可以促使胎宝宝养成良好的作息规律。在进行光照胎教的时候，要注意光照的亮度，避免强光。

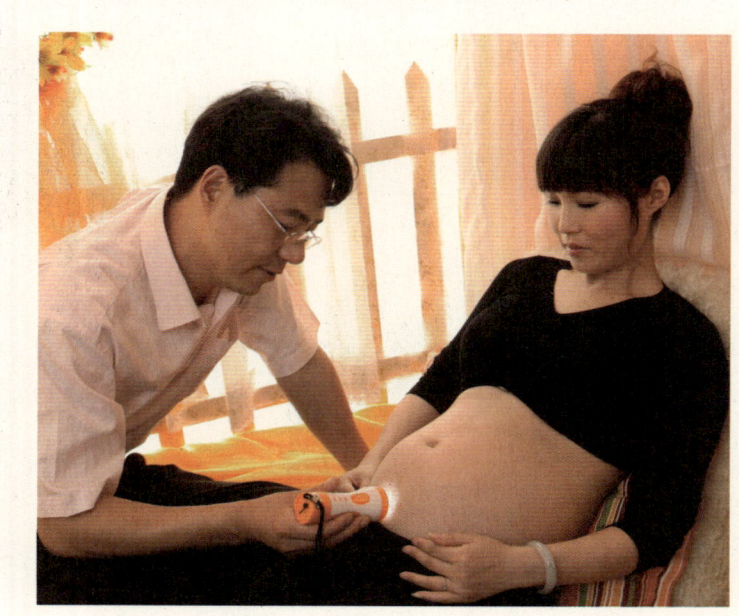

美育胎教：《音乐课》

这是英国画家莱顿的作品，描绘了上音乐课的场景。

女教师微微俯身帮助女孩调试琴弦，她面庞秀美清丽，身着长裙。女孩则依在女教师身边弹拨着六弦琴，她天真烂漫，纯真无邪，表情认真，显得十分可爱。

孕妈妈看了这幅图，是不是也想到自己腹中的宝宝像画中女孩一样聪明、可爱呢？

音乐胎教：《爱之梦》

•什么时候听

只要孕妈妈心情不错，无论是早晨、午睡前或是晚饭后，都可以打开音响，让这甜美的旋律飘扬起来。

•怎么听

胎教音乐的背景以孕妈妈的感受舒适为宜，听的次数根据个人感受决定，也可以将其当成生活的背景音乐。最关键的一点是不要强迫自己听，不给自己加任务，一切顺其自然，这样才能真正达到愉悦心情的目的。

•关于这首曲子

乐曲充满着爱的柔情和愉悦，并随着情绪的波动变得更加热情，旋律渐渐上扬，充满了幸福感。

胎教故事：《真假小白兔》

今天，孕妈妈来读读真假小白兔的故事，别忘了问问宝宝：怎么分辨真正的小白兔？

小白兔当了萝卜店的经理。小狐狸很羡慕，他想要变成小白兔。于是，他念起咒语："一二三，四五六，狐狸变成小白兔。"小狐狸果然变成了一只小白兔。

早晨，一只小白兔一蹦一跳来到萝卜店。店里的小灰兔一见，惊叫起来："小白兔经理刚进去，怎么又来了一个小白兔经理呢？"

里面的小白兔走出来一瞧，大叫："你是谁？"

外面的小白兔也大叫："我是这里的经理，你是谁？"

"明明我是经理，你是谁？"

两只小白兔吵起来。小灰兔们左看看右看看，全愣住了，实在分不出谁是真的小白兔经理。熊法官来了，先在他们面前放两捆青草，两只小白兔很快吃完了青草。熊法官又在他们面前放了两块肉，两只小白兔都皱着眉头说："不吃不吃！"熊法官看看这个，又看看那个，怎么也看不出真假。

兔妈妈来了，两只小白兔一齐叫："妈妈，我是你的孩子。"

兔妈妈看看这个，又看看那个说："我的孩子尾巴上有个伤疤。"

仔细一看，两只小白兔尾巴上都有伤疤。这可怪了。兔妈妈想了想，忽然捂着肚子叫起来："哎哟，哎哟，我的肚子疼。"兔妈妈疼得弯下了腰。

"妈妈，你怎么啦？"一只小白兔眼泪都流出来了，扑上来扶着兔妈妈，一边大叫："快，快去叫救护车！"

另一只小白兔虽然也在叫"妈妈妈妈"，却一点不着急。

兔妈妈猛然站起来，一把抱住扑上来的小白兔说："我分出来了，你才是我的孩子——真正的小白兔！"

小白兔笑着说："妈妈，你到底认出自己的孩子了！"

另一只小白兔见兔妈妈忽然好了，愣了一愣，才明白自己上了当。只好摇身一变，变成狐狸溜走了。

熊法官笑了："兔妈妈，你真聪明！"

兔妈妈笑了，小白兔也笑了。

第8节 孕8月 能区分白天和黑夜了

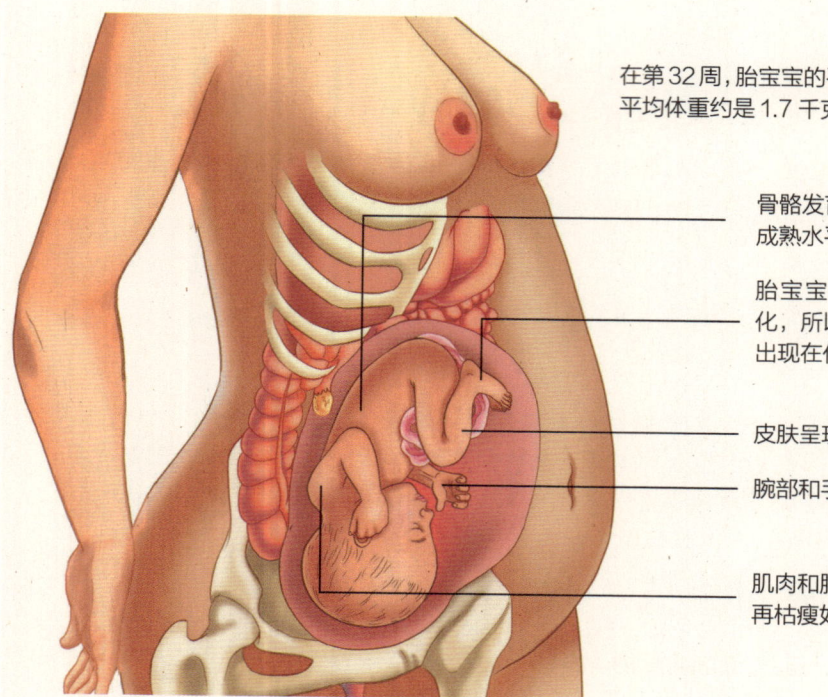

在第32周,胎宝宝的平均身长约是40厘米,平均体重约是1.7千克。

骨骼发育程度已经达到产前的成熟水平

胎宝宝的活动姿势会不断变化,所以您不知道他的腿脚会出现在什么部位

皮肤呈现粉红色,透明度下降

腕部和手掌开始出现皮肤皱褶

肌肉和脂肪的增加使胎宝宝不再枯瘦如柴

• 胎教要点

这段时期孕妈妈可能正在为水肿的问题担心,可以吃点营养丰富又利水消肿的食物,例如鸭肉,它富含蛋白质、脂肪、维生素 B_1、维生素 B_2 和钾、钠、氯、铁、钙等成分,具有滋阴养胃、利水消肿的功效。

胎宝宝已经非常聪明了,所以这段时期至产前,是实施语言胎教的最佳时机。孕妈妈要坚持给胎宝宝讲故事、阅读文学作品,用心体会胎宝宝的反应,因为此时胎宝宝已经非常熟悉孕妈妈的声音了。还应该继续让准爸爸参与胎教,让胎宝宝也熟悉一下爸爸的声音。

针对这个时期已经"成熟"的胎宝宝,准爸妈可以和胎宝宝进行更多的抚摸接触,增进感情。

营养胎教

·饮食要点

1. 孕晚期除正餐外，孕妈妈要添加零食和夜宵，如牛奶、饼干、核桃仁、水果等，夜宵应该选择容易消化的食物，避免体重增长过快。孕晚期每周的体重增加 300 克左右即可，不宜超过 500 克。

2. 孕晚期孕妈妈的消化功能比较弱，而大多数坚果油性比较大，过量食用坚果可能造成孕妈妈消化不良。

3. 忌吃过咸、过甜或油腻食物。过咸的食物可引起或加重水肿；过甜或过于油腻的食物可以导致肥胖。孕妈妈要注意限盐，少吃火腿肠、咸菜、腐乳、腊肉、榨菜等。

4. 摄入充足的维生素，这个时期的胎儿正在长骨骼和肌肉，宜多补充维生素 B_1、维生素 C、叶酸等，最好与矿物质搭配，促进胎宝宝成长。

·优选食物

小麦面粉

富含碳水化合物、矿物质，能避免孕妈妈出现疲劳等症状，为孕妈妈补充钙、镁、铁等。

鸭蛋

富含优质蛋白质，还含有较多的铁、钙和维生素 B_2 等成分，孕妈妈常吃有很好的补益效果。但不宜吃咸鸭蛋，因其含较多的盐和某些化学物质，对健康不利。

冬瓜

具有利尿的作用，有助于改善孕期水肿。

芥蓝

可为孕妈妈提供胡萝卜素、维生素 C 和膳食纤维等营养成分，有通便、帮助消化的功效。

三文鱼

富含优质蛋白质、DHA、锌、铁，能促进胎儿的神经发育和脑细胞分化，对胎儿大脑发育十分有利。

苦瓜

所含的苦瓜皂苷有明显的平稳血糖作用，不仅可以减轻胰岛的负担，而且有利于胰岛细胞功能的恢复。

- **营养菜谱**

营养丰富 助消化

玉米面发糕

材料 面粉 250 克,玉米面 100 克,无核红枣 50 克,葡萄干 15 克,酵母粉 4 克。

做法

1. 将酵母粉用温水化开,倒入面粉和玉米面搅匀,揉搓成团,盖上湿布醒发至原来的 2 倍大。
2. 将面团搓成条,分 3 等份,搓圆按扁,擀成厚约 1.5 厘米、直径约 10 厘米的圆饼。
3. 将圆饼放入蒸屉,撒一层无核红枣,将第二张擀好的面饼覆盖在第一层上,再撒一层红枣,将最后一张面饼放在最上层,撒上红枣和葡萄干。
4. 将生坯放入蒸锅中,开大火烧开,转中火蒸 25 分钟即可。

促进 骨骼发育

家常豆腐

材料 豆腐 300 克,五花肉 100 克,鲜香菇、冬笋各 50 克,青椒少许。

调料 葱花、姜片、蒜片、酱油各 5 克,盐 2 克,豆瓣酱 3 克,高汤 40 克。

做法

1. 将豆腐洗净,切三角片;将五花肉、冬笋、青椒洗净,切片;将鲜香菇洗净,去蒂,切片。
2. 将油锅烧热,下豆腐片煎至金黄色,捞出;锅内留底油烧热,放肉片、香菇片、冬笋片、豆瓣酱、葱花、姜片、蒜片炒香。
3. 放豆腐片、酱油稍炒,加高汤烧至豆腐软嫩,放青椒片、盐炒匀即可。

情绪胎教：正确面对产检结果

做好产检是确保孕期平安顺利的重要前提。面对产检，孕妈妈最担忧的就是，检查结果有问题怎么办。其实单靠一次的检查结果异常并不能说明问题，当某项检查结果有问题的时候，医生会根据情况进一步排查，很可能这一次的数值有偏差而下一次就正常了。孕妈妈们一定要放轻松，过于紧张的心情是不利于胎宝宝发育的。万一遇上一些特殊的情况，也要听从医生的建议与指导，进行必要的诊断性检查。

·医生只提供选择，主意你要自己拿

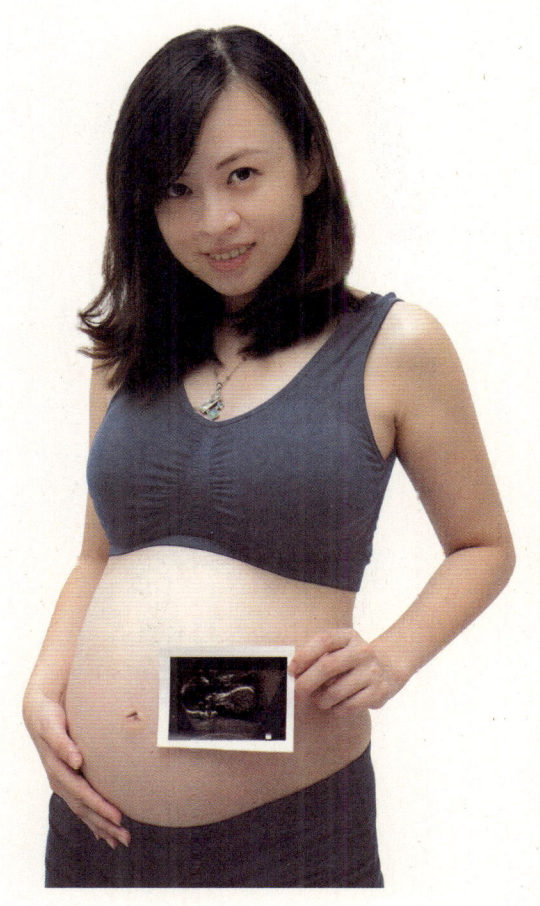

产检是确保优生优育的重要手段之一，是针对大众化的常规检查和筛查，主要在于预防和及早发现一些常见或高危的孕期疾病，如妊娠期高血压、妊娠期糖尿病等。如果产检有这些征兆，在医生的指导下进行处理和治疗，大部分孕妈妈是可以顺利过关的。

对可治疗的疾病，医生会建议采取措施干预治疗。如果产前诊断的结果也不尽如人意，医生可能会给出终止妊娠的建议，但是最终的决定权在准父母手里。比如，唐氏（唐氏综合征）筛查高危，需要进一步对胎儿染色体进行产前诊断检查，明确诊断后，与医生讨论是否终止妊娠。

这个话题可能有点沉重，但是相信做好为人父母准备的你，是能够直视这些问题的。

运动胎教：蹲式

进入孕晚期，离分娩的日子越来越近了，这时孕妈妈的身体不如孕中期灵便，做运动的时候不要勉强。蹲式运动适合孕晚期，可以帮助打开骨盆，还能促进胎头下降。

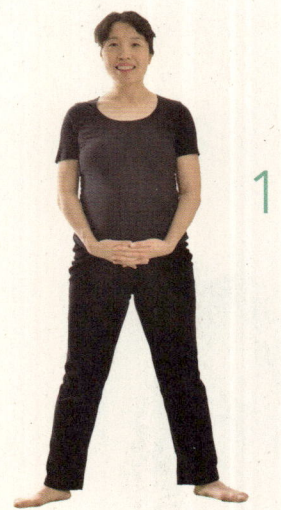

1 站立，双脚分开大约1.5个肩宽，呈外八字，双手十指交叉，双臂轻松下垂。

2 呼气，双脚转为脚尖朝外，弯曲双膝，慢慢将身体下降30厘米，保持3个回合的呼吸。

3 吸气，慢慢伸直双膝，呼气，再次弯曲双膝，这次将身体下降得更低一些，争取让大腿与地面平行（如果做不到，不要勉强）。保持3个回合的呼吸。

4 吸气，慢慢伸直双膝；呼气，双手在胸前合十，身体慢慢蹲下，左右小臂尽量保持在同一水平线。（下蹲的幅度整体要依个人情况而定，不要勉强）

5 吸气，缓慢向上伸直双膝；呼气，全身放松；恢复步骤1。

手工胎教：折纸葫芦

孕妈妈可以自己动手做一些手工，折纸葫芦就不错，简单易学，在这个过程中能达到陶冶情操、调节心情的目的。

· 折纸葫芦的步骤

1 准备一张正方形的纸，先对角线对折。

2 打开后，沿另一对角线对折。

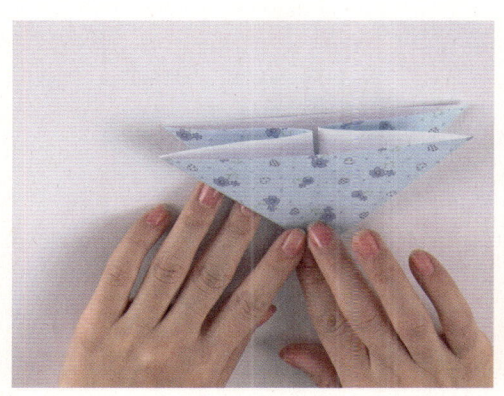

3 如图所示沿折线折成三角形。

4 将右上角向上对折，左上角同样向上对折。

5 将四个角分别折起,形成一个小方块。

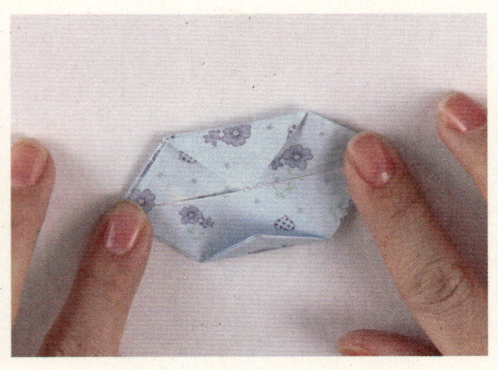

6 将小方块的前后四个角,分别折起。

7 打开其中的一个角,按折过的痕迹折过来,把右上角的角用手压过来,折回来,左边的角向右折。

8 以同样的方法,折其余三个角。

9 折完四个角后向小孔处吹一口气,让作品鼓起,纸葫芦做好了。

美育胎教：《摇篮》

在纱帐中熟睡的宝宝纯洁安静，母亲手抚摇篮，温情凝视。温馨的母子之情从画面上弥漫开来，相信准妈妈对此会有更深切的共鸣。看着贝尔特·莫里索这幅画，你对肚子里小宝贝的爱意是不是更加浓厚了呢？

胎教故事：《豌豆上的公主》

每个宝宝都是爸爸妈妈的小王子和小公主。今天，孕妈妈来给胎宝宝讲一个关于王子和公主的故事。

有一位王子，想找一位真正的公主做妻子，可是他走遍了全世界，也没有找到意中人。王子闷闷不乐地回到家中，国王和王后都很替他担忧。

一个暴风雨的夜晚，一位姑娘敲开了王宫的大门，她的衣服全湿透了，长发散乱地贴在脸上，样子非常难看，可是她说她是一位真正的公主。

许多人都不相信，王后决心验证一下。她走进卧室，在床上放了一粒小小的豌豆，然后把二十床垫子和二十床鸭绒被压在豌豆的上面。最后她把那位姑娘领进了卧室，让她好好睡上一觉。

第二天早晨，大家都跑来问姑娘休息得怎么样。姑娘皱着眉、打着哈欠说："我几乎整夜没有合眼，天晓得床上有个什么硬家伙，弄得我浑身难受极了！"

王后暗暗高兴，心想：那粒小小的豌豆是被压在二十床垫子和二十床鸭绒被底下的，可她居然能感觉出来，假如不是真正的公主，能有这么娇嫩的皮肤吗？

于是，王子就和公主举行了盛大的婚礼。

第9节

孕9月 反应越来越敏捷了

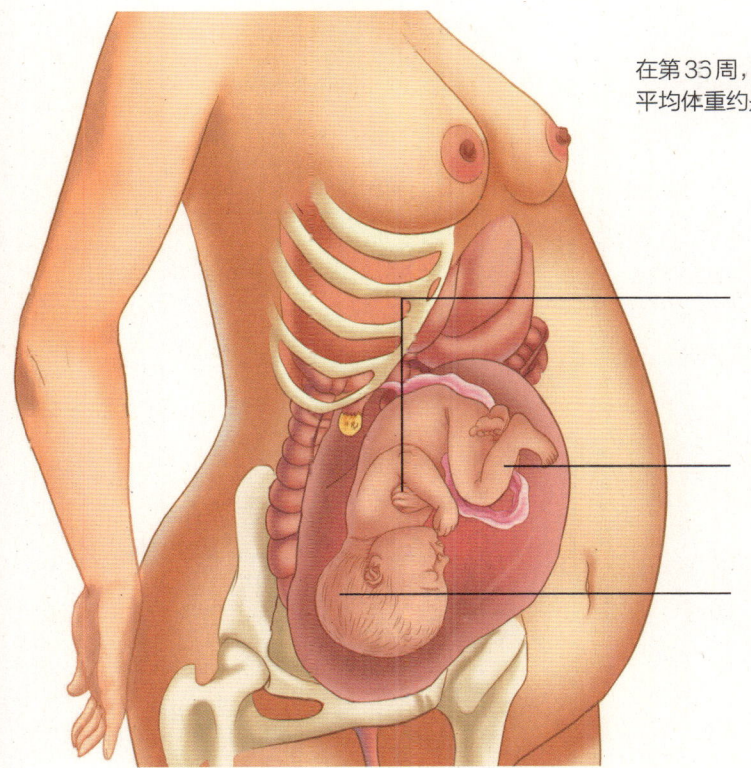

在第35周,胎宝宝的平均身长约是45厘米,平均体重约是2.5千克。

肺的结构已经完整,肺泡也发育完全。当出生后的孩子吸入第一口气时,肺泡表面的活性物质会保证肺泡持续张开

子宫中的空间已经非常有限,所以胎宝宝都蜷缩着四肢,弯曲着身体

胎宝宝的头已经入盆,为分娩做好了准备。助产士会仔细检查胎宝宝的姿势

•胎教要点

已经到了最后冲刺阶段,孕妈妈难免会产生一些担心。从这时起,调整情绪,做好产前心理准备,是很重要的胎教内容。可以根据自己的喜好和性格特点,通过唱歌、绘画、看电影等方式,一方面达到胎教效果,另一方面分散注意力,消除不良情绪。

孕妈妈在这个时期可以适当进行一些运动,以活动全身肌肉,胎宝宝会通过你的运动得到更多的营养。锻炼的强度应该视自身条件而定,除坚持散步外,还可以进行一些四肢和骨盆运动。

营养胎教

·饮食要点

1 孕后期，逐渐增大的胎宝宝给孕妈妈造成了很大的影响，孕妈妈很容易发生便秘，继而可能导致痔疮的产生。所以，为了防治便秘，孕妈妈应该多摄取膳食纤维，以促进肠道的蠕动，防止便秘的产生或改善便秘症状。多食芹菜、苹果、桃子、燕麦、糙米、玉米等，以此来缓解便秘。

2 不宜大量饮水。因为孕妈妈的胃部空间有限，如果一次性喝水过多，会影响孕妈妈的饮食。

3 不要盲目地减肥。很多孕妈妈孕晚期发现体重严重超标，而采取节食的方法减肥，这不利于胎宝宝营养的摄取，应该根据自身的情况，制订合理的食谱。

·优选食物

奶酪
富含钙，能为胎儿的骨骼和牙齿增加营养，还能缓解孕妈妈因缺钙引起的腿抽筋等症状。

鲫鱼
富含优质蛋白质和不饱和脂肪酸，容易消化吸收，具有较强的滋补作用，适合孕晚期食用。

腐竹
富含蛋白质、钙，能补钙，促进胎儿骨骼和大脑发育。

韭菜
含有大量维生素和膳食纤维，能增进食欲，促进消化，还能预防孕妈妈血脂异常和便秘。

牡蛎
富含锌、钙等营养元素，有利于胎儿顺利娩出。

燕麦
富含多种氨基酸、膳食纤维，可以防止孕期便秘，还能预防体重增长过快。

- 营养菜谱

莲藕排骨汤

材料 排骨 400 克、莲藕 200 克。
调料 葱段、姜片、料酒、醋、胡椒粉、盐各适量。

做法

1. 将排骨洗净,剁成块;将莲藕去皮,洗净,切片。
2. 锅内加适量清水煮沸,放入少许姜片、葱段、料酒和排骨块焯熟。捞出后用凉水冲洗,沥水备用。
3. 将煲锅置火上,倒入足量水,放入剩余的姜片、排骨块、藕片,淋入醋煮沸,转小火煲约 2 小时,加盐、胡椒粉调味即可。

益气养血补钙

生滚鱼片粥

材料 草鱼肉 30 克,鸡蛋清 1 个,大米 50 克。
调料 香菜段、葱花、姜丝、盐、料酒、淀粉各适量。

做法

1. 将草鱼肉洗净,切成片,放入碗中,加鸡蛋清、盐、料酒、淀粉上浆;将大米淘洗干净。
2. 锅内倒油烧热,爆香葱花、姜丝,倒入清水、料酒烧沸,下大米煮沸,用小火熬至粥稠,加入鱼片滚熟至变色,用盐调味,撒上香菜段即可。

促进胎宝宝大脑发育

情绪胎教：应对不良情绪

到了孕9月，很多孕妈妈对即将到来的分娩又期待又紧张，这种矛盾心理可能让孕妈妈吃不下、睡不好。别忘了，妈妈的心情宝宝都懂，要保持淡定，克服这种矛盾心理。

·直面恐惧

对于分娩，你最害怕什么？是怕生到一半受不了，还是怕宝宝会有什么问题？最好把所有担心的事情都写在一张纸上，并在旁边标注避免这种恐惧的方法。如果有些事你无力改变，那就想办法让自己不要担心，因为再多的担心也于事无补。

·多了解分娩信息

知道的相关知识越多，就越不会感到害怕。尽管每一位妈妈分娩的具体情况都不相同，分娩的经验也因人而异，但是大致上还是有共同的过程。倘若提前了解分娩的过程，到时候就比较有自信，自然就不会被吓着了。

·选择导乐师

分娩时如果能有一位专业的导乐师陪护在身边，相信你的担心会减少很多。导乐师可以在分娩过程中为你提供一些实际的建议，帮你进行心理上的调适。

·不要回想上一次的可怕经历

不要把过去可怕的经验带进产房，这可能会让产妇不由自主地全身紧张起来。因此，在分娩之前，一定要克服心理障碍，必要时可以求助于医生或导乐师。

马医生贴心话

居家做胎心监护的注意事项

不要空腹做胎心监护，最好在做监护前0.5~1小时前进食一些小零食，比如巧克力、坚果等。最好挑选一天之中胎动最频繁的时间段进行胎心监护。

做胎心监护时，孕妈妈要避免平卧位，可选取最舒适的姿势进行。

语言胎教：准爸爸科普

准爸爸可以给孕妈妈肚子里的宝宝讲几个科普小段子，只要讲得妙趣横生，胎宝宝也是会很喜欢的。

• 天空为什么是蓝色的

我们抬起头看到的天空，经常是蔚蓝色的，特别是一场大雨过后，更是蓝得像一泓秋水，令人心旷神怡。天空为什么是蔚蓝色的呢？

大气本身是无色的。天空的蓝色是大气分子、冰晶、水滴等和阳光共同创作的图景。当阳光进入大气时，波长较长的色光（如红光），能透过大气射向地面；而波长较短的紫光、蓝光、青色光碰到大气分子、冰晶、水滴等时，就很容易发生散射现象。被散射了的紫光、蓝光、青色光布满天空，就使得天空呈现出一片蔚蓝了。

• 与猫有关的趣事

猫一天中有14~15小时是在睡眠中度过的，有时甚至能睡上20小时，所以被称为"懒猫"。其实，猫有3/4的时间是假睡，只要有一点声响，猫的耳朵就会动。

猫是很任性的，经常我行我素。有时候，怎么叫它，它都当没听见。通常主人和猫不是主从关系，而是平等的朋友关系。但有的时候，猫会把主人当父母，像小孩一样爱撒娇，爬上主人的膝盖，或跳到摊开的报纸上坐着，尽显娇态。

猫很爱干净，经常舔自己的毛，饭后会用前爪擦擦胡子。

运动胎教：平躺促膝运动

这套平躺促膝运动不仅可以适度锻炼腹肌，让顺产更顺利，还可以预防因腹肌松弛而造成的胎位不正。

1 平躺在地面上，膝盖保持弯曲状态。

2 抬起双脚，双手伸直并抓住膝盖，膝盖张开。

3 逐渐用力按压。

4 保持3的动作，抬头，坚持3~5秒。

胎教故事：《拔萝卜》

这是一个很风趣的民间童话，是很多妈妈儿时喜欢听的故事。

一个春天的早上，小白兔在荒废的菜地里发现了一只大萝卜。他可高兴了，这个萝卜够他吃上一个星期了。小白兔拔呀拔，可是萝卜太大了，他用尽全身力气还是拔不出来。这时小猴从这里经过，小白兔请他过来帮忙。小猴跟小白兔一起使劲拽，可大萝卜还是稳稳地插在地里头。

小猴看见小白兔着急的样子，说："别着急，我刚刚过来的时候，碰见小猪在附近的草丛中睡懒觉。看小猪长得胖乎乎的，力气肯定比我们大，我去把他叫过来帮忙。"

小猴跑到草丛中叫醒小猪一起来帮忙，可是小猪也拔不动。小猴正想让小猪再使点儿力，突然听见呼呼的鼾声，一回头，发现小猪又睡着了。

这可怎么办呢？他们看着露出一圈红皮的大萝卜直发愁。一头身材魁梧的小熊走过来了，小熊得知他们是在为一个萝卜而发愁，不禁笑起来："一个小萝卜算什么？看我的。"

小熊将小兔、小猴和小猪都赶到一边去，搓了搓手掌，想自己拔出萝卜，炫耀一下。结果，他手一滑，摔倒在地上，萝卜还是没有动弹。小猴赶紧过去把他扶起来。

小猴说："这样不行，我们得一个拽一个，使劲儿往外拔，才能拔出来。"于是他们就站成一列，小熊打头阵，后面是小白兔，小白兔身后是小猴，小猴身后是小猪。正要开始时，听见一个尖细的声音说："也算我一个！"大家到处找，找不见人影，最后在地上发现了一只小小的蜗牛。

"一只小蜗牛，你能干什么？"小熊很是瞧不起。

"别小瞧我，我能帮你们松土，让大萝卜更顺利地被拔出来。"

大家一听，觉得挺有道理的，于是让小蜗牛在地底松土，他们再使劲儿往外拔。拔呀拔，大萝卜终于被拔出来了。

第10节 孕10月 胎宝宝已经准备好了

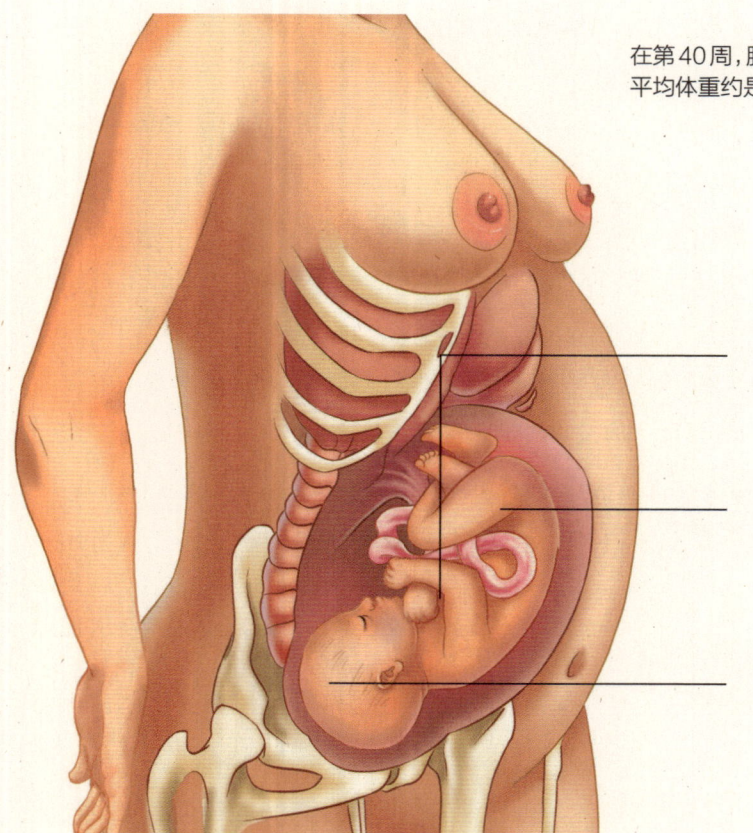

在第40周,胎宝宝的平均身长约是50厘米,平均体重约是3.4千克。

肺的结构已经完整,肺泡也发育完全。当出生后的孩子吸入第一口气时,肺泡表面的活性物质会保证肺泡持续张开

子宫中的空间已经非常有限,所以胎宝宝都蜷缩着四肢,弯曲着身体

胎宝宝的头已经入盆,为分娩做好了准备。助产士会仔细检查胎宝宝的姿势

•胎教要点

孕妈妈可以通过了解分娩的相关知识和听音乐、朗读等多种方式来分散注意力,缓解焦虑的情绪。和宝宝见面的日子越是临近,就越应该调理好情绪,保持愉快。

经过这么长时间的接触,胎宝宝不但熟悉了孕妈妈的声音,对准爸爸那低沉浑厚的声音也有了深刻的印象。胎宝宝经常听父母对话或者和他聊天,出生后可能会成为一个表达能力、社交能力都不错的人。

营养胎教

•饮食要点

1. 多吃一些含有优质蛋白质的食物，如鱼、虾类的食物，也可以吃瘦肉和大豆等食物。

2. 多吃新鲜的蔬果，保证摄入充足的维生素。如果维生素 B_1 缺乏，会导致分娩时子宫收缩乏力，延长产程。

3. 孕妈妈的饮食要丰富多样，每天保证食用两种以上的蔬菜。要食用体积小、营养价值高的食物。

4. 为储备能量，孕妈妈应该多吃富含蛋白质、能量较高的食品，同时也要合理管理体重。

•优选食物

菜花
富含膳食纤维、胡萝卜素、维生素 K 和钙、磷等矿物质。其中，维生素 K 有止血功效，适合孕妈妈产前食用。

金枪鱼
属于低脂肪、高蛋白质鱼类，还富含珍贵的 DHA，钙、磷的含量也较高，能促进胎儿大脑发育，还有助于强健骨骼。

柚子
富含天然叶酸、维生素 C，能提高孕妈妈的免疫力，还能帮助身体吸收钙、铁等营养素。

小米
富含维生素 B_1、氨基酸和碳水化合物，可以为孕妈妈补充体力，促进分娩。

鸡肉
富含优质蛋白质和不饱和脂肪酸，可以增强体力，又容易消化吸收。

豌豆苗
富含维生素 B_1、维生素 C，能促进胃肠蠕动，使孕妈妈保持良好食欲。

• 营养菜谱

提高产力

牛肉拉面

材料 拉面 200 克，熟牛肉片 100 克，青菜 100 克。

调料 牛肉清汤适量，盐 2 克，葱花、姜丝各 6 克。

做法

1 将锅置火上，倒入清水，烧开后下入拉面，煮 6 分钟至熟，捞出装碗，上面放上熟牛肉片；将青菜焯烫后摆在碗边。

2 将牛肉清汤烧沸，加入盐、葱花、姜丝略煮，调好口味，浇在面碗内即可。

补充体力

鸡肉虾仁馄饨

材料 馄饨皮 250 克，鸡胸肉 150 克，虾仁 50 克。

调料 香菜末、榨菜末、葱末、姜末各 10 克，生抽 5 克，香油适量。

做法

1 将鸡胸肉洗净，剁成泥；将虾仁洗净，切丁；在鸡肉泥中加虾仁丁、盐、葱末、姜末、生抽、香油调匀，制成馅料。

2 取馄饨皮，包入馅料，制成鸡肉虾仁馄饨生坯。

3 锅中加清水烧开，加香菜末、榨菜末、香油调味，下入馄饨生坯后煮熟即可。

情绪胎教：缓解产前焦虑

临近分娩，孕妈妈很容易紧张焦虑。让自己了解分娩的全过程和可能出现的情况，了解分娩时该怎样配合医生，提前进行分娩前的训练，对减轻孕妈妈的心理压力会有很大的好处。

·不要担心生在路上

大概是受电影、电视剧的影响，很多孕妈妈都担心自己因为来不及赶去医院，而把宝宝生在路上，其实这是完全没必要的。

首先要了解临产的三大征兆，学会判断和应对这些征兆。这可能会让产妇不由自主地全身紧张起来。因此，在分娩之前，一定要及时调节不良情绪，必要时可以求助于医生或导乐师。

见红

一般见红后很快会出现规律性宫缩，然后进入产程，见红后要做好随时住院的准备。

如果只是淡淡的血丝，可不必着急去医院，留在家里继续观察，别进行剧烈运动；如果出血量达到甚至超过平常月经量，颜色较深，并伴有腹痛，就要立即去医院。

宫缩

出现有规律的宫缩才是进入产程的开始，如果肚子一阵阵发硬、发紧，疼痛无规律，这是胎儿向骨盆方向下降所致，属于前期宫缩，可能1小时疼1次，疼痛持续时间很短。

当宫缩开始有规律（一般初产妇每10～15分钟宫缩1次，经产妇每15～20分钟宫缩1次），并且宫缩程度一阵比一阵强，每次持续时间延长，这就表示很快进入产程了，要及时去医院。

破水

破水一般在子宫口打开到胎头能出来的程度时出现。有的人在分娩的时候才破水，有的人破水成为临产的第一个先兆。

一旦破水，应立即平躺，并垫高臀部，不能再进行任何活动，防止脐带脱垂，羊水流出过多，并立即去医院准备待产，在去医院的路上也要尽量平躺。

要知道，一般初产妇从宫颈开始扩张到宫颈完全张开，需要 8～12 小时，都能及时赶到医院。一般进入 38 周，医生会安排每一周进行一次产检，也能及时处理。

• 不要担心"顺转剖"

一般孕期只要控制好自己的体重和胎宝宝的大小，经过孕 36～37 周的检查无异常后，基本可以顺产。很多孕妈妈担心自己无法顺产，又遭遇"顺转剖"，还不如直接选择剖宫产。

其实"顺转剖"一般是因为宫口未能持续开大，或者是出现胎儿宫内缺氧的危急情况而采取的措施。"顺转剖"是小概率事件，比例不超过 5%。就算最后"顺转剖"，因为经历了一段时间宫缩的"折磨"，孩子将来出现运动不协调（感觉统合失调综合征）的概率也比较低。

• 不要担心没奶水

很多孕妈妈会担心自己没有母乳或母乳不够。其实，只要孕期做好营养储备，均衡饮食，在生下宝宝之后正确开奶，让宝宝多吸，保持愉快的心情，保证睡眠充足，同时多吃一些能够促进产奶的食物，多数妈妈都可以实现纯母乳喂养。

马医生贴心话

新妈妈没下奶之前别喝催奶汤

新妈妈在产后没有下奶之前，乳腺管还没有彻底通畅就喝催奶汤，会导致乳腺管堵塞，出现乳房胀痛。所以，在没下奶之前不宜喝催奶汤。

运动胎教：练习拉梅兹呼吸法

拉梅兹呼吸法，通过产前体操锻炼和呼吸技巧的训练，让孕妈妈在分娩时将注意力集中在自己的呼吸上，从而转移疼痛，放松身心，以达到加速产程并让胎儿顺利娩出的目的。

第一阶段：胸式呼吸法

应用时机：孕妈妈可以感觉到子宫每5～10分钟收缩1次，每次收缩约30秒。

练习方法：深深吸一口气，随着子宫收缩开始吸气、吐气，反复进行，直到阵痛停止后恢复正常呼吸。

第二阶段：轻浅呼吸法

应用时机：此时宫颈开至3～7厘米，子宫的收缩变得更加频繁，每3～5分钟就会宫缩1次，每次持续30～60秒。

练习方法：孕妈妈要让自己的身体完全放松，眼睛注视着同一点。保持轻浅呼吸，用"鼻吸嘴呼"的方式让吸入及吐出的气量相等。

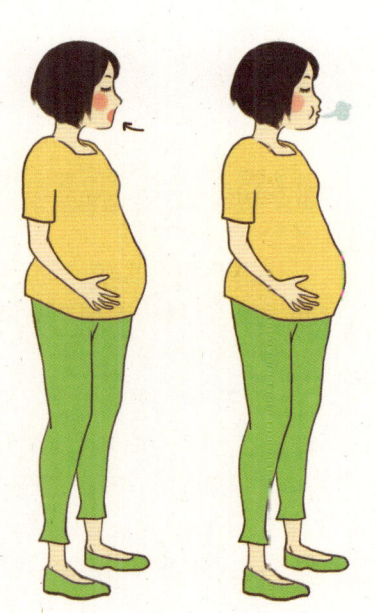

第三阶段：喘息呼吸法

应用时机： 当子宫开至 7～10 厘米时，孕妈妈感觉到子宫每 45～60 秒就会收缩 1 次。

练习方法： 孕妈妈先将空气排出后，深吸一口气，接着快速进行 4～6 次短呼气，感觉就像在吹气球，比轻浅式呼吸还要浅，可以根据子宫收缩的程度调节速度。

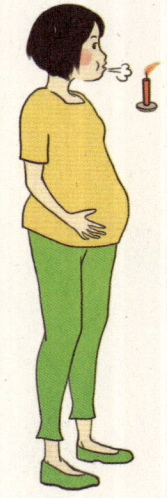

第四阶段：哈气吹蜡烛

应用时机： 进入第二产程的最后阶段，孕妈妈想用力将胎儿从产道送出，但是此时医护人员要求不要用力，以免发生阴道撕裂，要等待宝宝自己挤出来。

练习方法： 阵痛开始，孕妈妈先深吸一口气，接着短而有力地哈气，接着用力地吐气，就像在吹蜡烛。

第五阶段：用力推

应用时机： 此时宫颈口全开了，助产士会要求孕妈妈在即将看到宝宝头部时，用力将其娩出。

练习方法： 孕妈妈下巴前缩，略抬头，用力使肺部的空气压向下腹部，完全放松骨盆肌肉。需要换气时，保持原有姿势，马上把气呼出，同时马上吸满一口气，继续憋气和用力，直到宝宝娩出。当胎头已娩出产道时，孕妈妈可使用短促的呼吸来减缓疼痛。

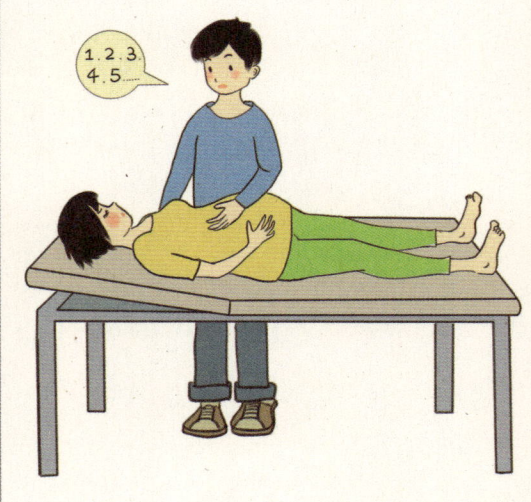

手工胎教：袜子娃娃

我们都知道，锻炼自己的手指可以使脑部变得发达。所以，进行手工活动也是意念胎教的一种手段。相信你只要用心投入，就会获得非常愉快的体验。因为这种胎教方法不但能对胎宝宝脑部产生一定的良性刺激，还可以平静心情，提高注意力。在搭配不同颜色的过程中，也可以使自己的色彩感得到提升，可谓一举多得。

孕妈妈可以亲手为即将出生的宝宝做个爱心玩偶。做玩偶既动手又动脑，对孕妈妈是很有益的锻炼，也能让未来的宝宝更加心灵手巧。袜子娃娃的做法不复杂，取材也方便，更重要的是每个人都可以做出独一无二的娃娃，是非常有个性的DIY（自己动手制作）作品。

孕妈妈可以按照下面给出的方法做一个袜子娃娃。

·准备材料

水彩笔、袜子、针线、剪刀、扣子（如果没有，也可以直接用画笔画娃娃的眼睛）、棉花。

·手工步骤

1. 用水彩笔画出袜子娃娃的样子，将袜子脚后跟部位当成脸部，然后剪出效果图。

2. 将袜子翻过来，将大脚趾和小脚趾部位缝合。然后翻回正面，做成两个耳朵。

3. 将两个耳朵部位分别塞上两团棉花，揉搓至均匀饱满，用同样的方法将脸部、身体部位塞一团棉花，然后缝合底部。

4. 勾出嘴巴的线条，用针线缝出来，完工。

音乐胎教：《糖果仙子之舞》

我们来欣赏一段充满动感的旋律。在奇妙的糖果王国，美丽的糖果仙女正跳起舞蹈，欢迎孕妈妈和胎宝宝的到来。

• 什么时候听

在感觉到胎动时放这首音乐，欢快的感觉会感染到妈妈和宝宝。

• 怎么听

想象自己是糖果仙女，在快乐的糖果王国中，与王子和姑娘们一起舞蹈、欢笑。

• 关于这首曲子

《糖果仙子之舞》是柴可夫斯基的作品。当时，柴可夫斯基是用刚刚发明的钢片琴来演奏这首乐曲的，乐曲音调非常清脆。

胎教故事：《小绿灯》

小绿灯，是一只小萤火虫的名字。它会有什么故事呢？孕妈妈来给宝宝讲一讲。

天早黑了，萤火虫妈妈还不见小绿灯飞出来，就在草丛上飞来飞去，喊着："小绿灯，小绿灯！"这时，小绿灯藏在一片牵牛花的叶子下，声音颤抖地说："我……怕……怕月亮笑话我！"

皎洁的月亮又圆又亮，挂在黑蓝黑蓝的天上。萤火虫妈妈很奇怪地问："月亮为什么要笑话你？"小绿灯飞到妈妈身边说："那还用说吗？我的小灯那么小，月亮却把半个地球都照亮了，月亮能不笑话我吗？"

小绿灯说话的声音很轻，可还是被月亮听见了。她微笑着说："小绿灯，你真的很小，但你的光是自己发出来的呀！"小绿灯高兴了。他飞起来，仔细地瞧着自己点的小绿灯，对妈妈说："可不，我的小灯虽然小，到底是自己发出的光啊！可不像月亮靠人家的光……"

萤火虫妈妈听了，皱起眉头："孩子，刚才你瞧不起自己，是不对的；可现在，你怎么又瞧不起月亮了？"

小绿灯不服气地说："月亮不是靠太阳才亮的吗？"萤火虫妈妈摇摇头说："孩子，你的小绿灯虽小，是自己发的光，你不必在月亮面前抬不起头；可月亮虽然反射的是太阳的光，可她本身也发挥了'反射'的作用啊！要是没有她，夜晚不也是一片漆黑吗？"小绿灯听着妈妈的话，越想越惭愧，她觉得妈妈说得对。

皎洁的月亮照着小绿灯，小绿灯也向月亮闪着绿宝莹的光。

陪妻子做个分娩预演

分娩对女性而言就像一次精彩的演出，为了能轻松进入角色，孕妈妈和准爸爸可以提前进行一下预演，这样当分娩来临时，就能轻松应对，不会紧张忙乱。现在很多医院都有分娩预演课，孕妈妈和准爸爸一定不要错过。

了解入院过程

1 挂号产检
如需住院，会开一张住院单；没有到待产阶段，就回家休息等待。

2 缴纳押金
持住院单到交费处缴纳押金（不同医院的具体金额标准不同）。

3 到医保缴费窗口缴费
参加社保或新农合医保的孕妈妈在缴纳住院押金时，也要到医保缴费窗口缴费，并出示身份证、社保卡等相关证件。

4 等待安排床位
孕妈妈拿着缴费单和相关证件到住院部找值班医护人员，等待安排病房和床位。

提前熟悉整个生产过程

1 及时赶往医院
一般来说，孕妈妈在正式分娩前会有一些征兆，即阵痛、见红、破水。当这3个信号出现时，一定要做到心里有数，留心观察自己的身体变化，尽快通知家人，及时赶往医院。如果出现破水，在去医院期间，为了防止脐带脱垂、羊水流尽，造成胎儿宫内缺氧，孕妈妈应该躺下来，抬高臀部。如果是医生早已建议采取剖宫产的孕妈妈，若没有出现意外情况，可以按照医生规定的入院时间去医院。

2 检查住院所需物品
家人应该将住院物品提前准备好，以免孕妈妈出现紧急情况，来不及准备。分娩后最少需要住院3天，新妈妈的生活必需品和宝宝出生后的用品要准备齐全。

3 快速办理入院手续
如果孕妈妈正常生产，可以按照入院、住院、熟悉环境等正常手续进行。如果孕妈妈出现紧急情况，听从医生安排，直接送入产房或手术室。

4 进入待产房
顺产的孕妈妈先进入待产房，等宫口打开后去产房生产，在等待期间可以练习拉梅兹呼吸法，不仅能抵抗宫缩时的疼痛，还能减少准妈妈的体力损耗。同时，要记得上厕所排尿。如果采取无痛分娩，要了解麻醉师何时介入、何时进食和如厕、产程进展情况等。
如果是剖宫产的孕妈妈，手术前12小时禁食，前6小时禁饮。到医院后按照医生的说明签手术同意书、验血、配血、验尿、做心电图、备皮，剔除腹部周围体毛、打点滴、插上导尿管、术前麻醉，然后准备剖宫产。

5 宝宝出生后
医院会及时安排宝宝和妈妈进行亲密接触，尽早吸吮初乳。
如果是剖宫产，新妈妈被推出手术室后还需要接受输液和生命体征监测。

6 带宝宝回病房
医院会建议母婴同室，医生也会具体讲解母婴同室的好处、新生儿的护理知识，新爸妈要认真学习。

下篇

第 1 章

抚触按摩基本知识

第 1 节 抚触的作用

宝宝从子宫出生到一个全新的环境，需要适应各种新情况。对宝宝进行贴心的抚触不仅有利于宝宝的身体发育，还可加强宝宝和父母的亲密关系，非常有助于宝宝健康成长。

1. 增强宝宝的知觉
2. 扩张血管与促进血液循环
3. 帮助吸收与消化，强健消化系统，改善消化不良和胀气
4. 增进肌肉的弹性与协调
5. 增益宝宝的神智
6. 让宝宝的呼吸更顺畅，增加血液里的氧气含量
7. 强化宝宝的免疫和内分泌系统
8. 刺激淋巴循环，清除体内毒素
9. 促进身心合一，放松心情
10. 增加爱意，加强亲密关系

马医生贴心话

抚触是最早的亲子活动，父母不能错过

如今，很多父母都知道抚触对宝宝的好处，如促进发育、改善免疫力、改善消化功能等。但是随着月嫂、早教机构广泛开展婴儿抚触工作，越来越多的父母将宝宝的抚触工作交给了他人。实际上，只有父母亲自给宝宝做抚触，才有利于增强宝宝的安全感和自信心。通过皮肤和皮肤的接触，才能让宝宝感受到父母的爱，促进亲子关系的建立。

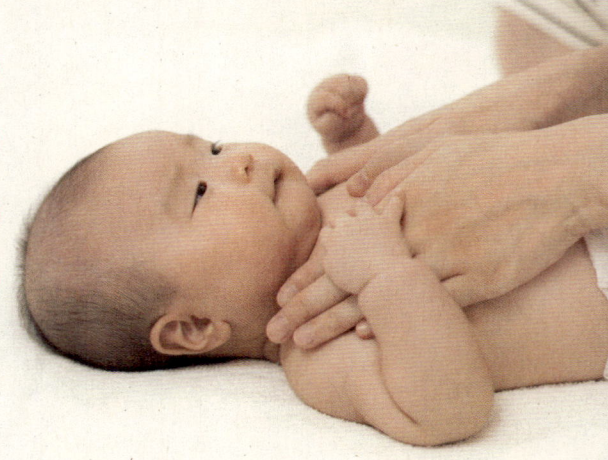

第 2 节 抚触时机的选择

抚触前的准备

1. 抚触前，家长应取下戒指、手镯、手表等容易划伤宝宝的饰品，剪短指甲，用温水洗净双手。

2. 抚触前，家长可以为宝宝涂抹按摩油，如橄榄油、婴儿润肤油等，在保护并滋润宝宝娇嫩皮肤的同时，宝宝也可以更舒适地享受抚触。

3. 在做抚触的过程中，可以播放节奏舒缓、曲调优美的古典音乐，既营造了舒适温馨的氛围，又可以通过音乐来激发宝宝的音乐欣赏能力、创造力、认知能力和语言能力。

抚触时间和环境

1. 抚触时间最好是在两次喂奶之间，或者在晚上宝宝洗澡后。将宝宝衣物脱掉，在身下铺上柔软的毛巾被，使用婴儿油或乳液，对宝宝进行按摩，记住要保持按摩手掌的温热。

2. 室内温度最好保持在 23～25℃，光线柔和，通风状况良好，尽量保证抚触期间不要有人走来走去而干扰宝宝的注意力。

? 你知道吗

抚触由轻到重

开始抚触时，动作要轻柔。特别注意宝宝的眼睛周围，别过犹不及，易引起宝宝的反感。抚触是通过刺激宝宝皮肤中的神经元，增强宝宝的心理安全感和舒适感。随着宝宝月龄的增加，可以慢慢加大力度，促进宝宝的肌肉协调，以宝宝舒适不反抗为度。在进行全身抚触的时候，可以重点按摩宝宝身上的几个穴位，可起到保健作用。

第3节 抚触的注意事项

避开宝宝身体疼痛的部位

宝宝的手部皮肤如果被擦破了,就不要对手部进行抚触了。可以选择头部及其他部位进行抚触。

生病不宜抚触

在宝宝出现不适时,如发热、腹泻、黄疸等,或者注射预防针48小时以内,不宜进行抚触。

睡眠过程不宜抚触

如果宝宝在妈妈温柔的抚触过程中睡着了,说明宝宝对妈妈的抚触感到很舒服。但应暂停抚触,尽量不要打扰宝宝睡觉。

注意环境的安全

在给宝宝进行背部抚触时,要清除周边的硬物。要特别注意,在宝宝翻身时不要碰到硬物。

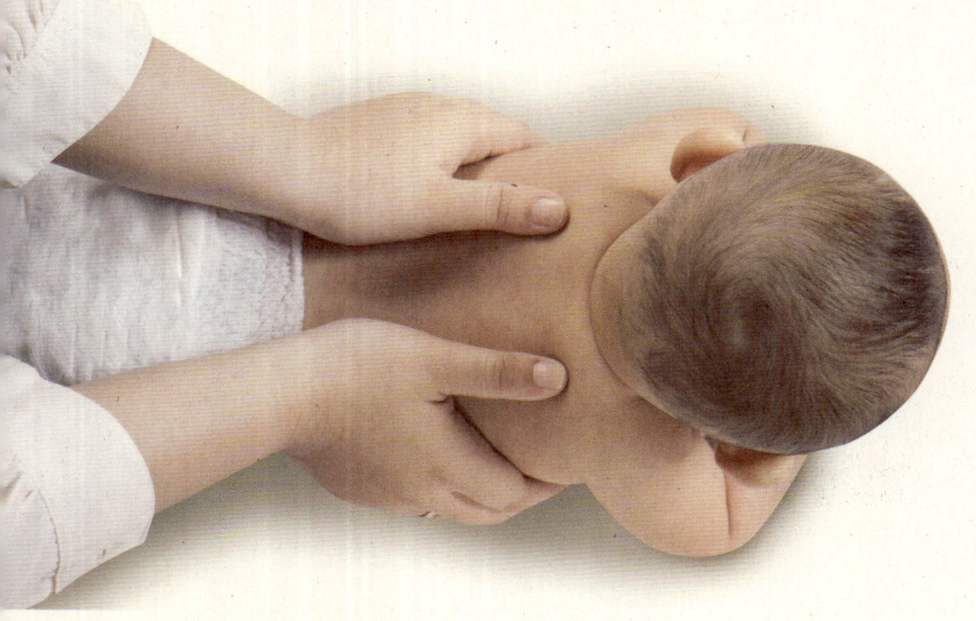

第 2 章

日常抚触手法

第1节 基本抚触手法

推法

推法通常分为直推法、旋推法、分推法和合推法。

直推法：用拇指桡侧缘或指腹，或食指和中指指腹在穴位上做单方向的直线推动，称为直推法。该法常用于线状穴，如开天门、推大肠、推天柱骨、推三关等。

旋推法：用拇指指腹在穴位上做顺时针方向旋转推动，称为旋推法。推时仅靠拇指小幅度运动。该法主要用于手部面状穴，如旋推脾经、肺经、肾经等。

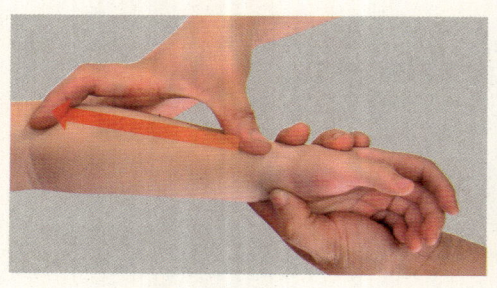

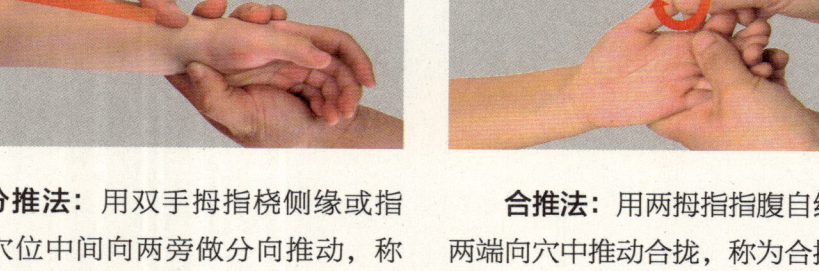

分推法：用双手拇指桡侧缘或指腹自穴位中间向两旁做分向推动，称分推法。该法轻快柔和，能分利气血，适用于推拿坎宫、大横纹。

合推法：用两拇指指腹自线状穴的两端向穴中推动合拢，称为合推法。该法可以和阴阳、通气血，适用于大横纹、腕背横纹等线状穴。

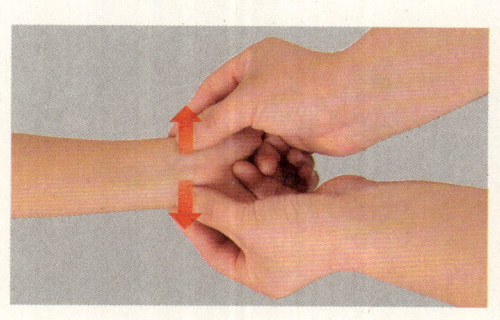

揉法

用指端或大鱼际或掌根，在某个部位或者穴位上，做顺时针或者逆时针方向旋转揉动。

要领：手法要温和。操作时手指或手掌紧贴皮肤不要移动，发力使该处的皮下组织随手指或手掌的揉动而滑动。

按法

用指腹或掌根直接在穴位上施加压力即可。

要领：按时力量要由轻而重，当孩子感到压迫感后，持续数秒，放松再按。

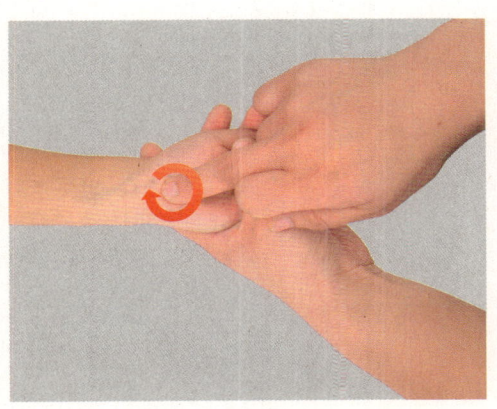

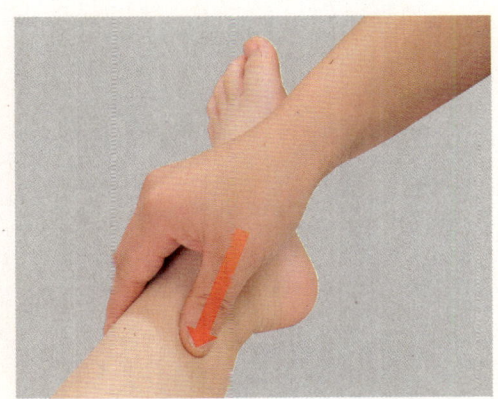

摩法

用手掌掌面或食、中、无名指指腹附着于经络治疗的部位上，做环形的、有节律的摩旋即可。

要领：操作时，用手掌或手指在皮肤表面做回旋性摩动，作用温和而浅表，仅作用于皮肤和皮下。

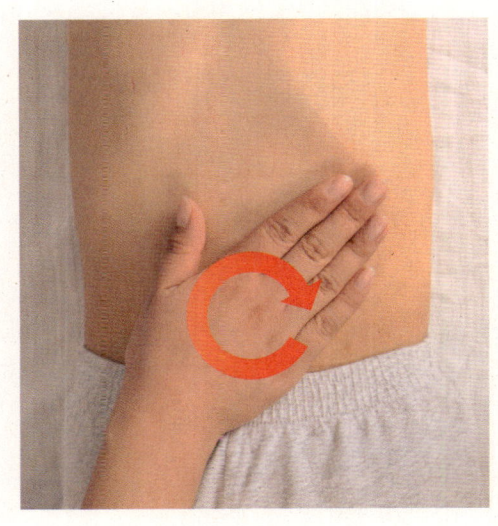

搓法

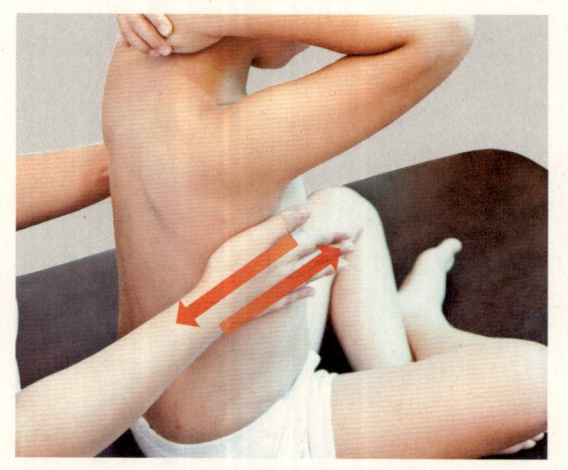

用双手夹住孩子的肢体，相对用力，做反方向的快速揉搓，并同时做上下往返移动的手法。

要领：双手用力均匀，不要过于用力地夹住孩子肢体，动作灵活连贯。搓动要快，移动要慢。

运法

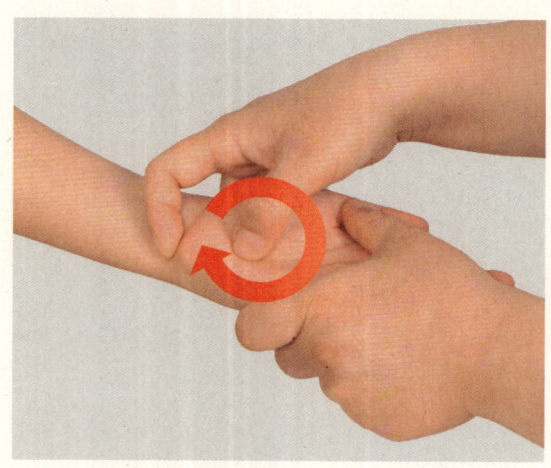

用拇指或食指、中指的指端按在穴位上，做弧形或环形推动。

要领：运法是所有手法中力度最轻的，比推法还要轻柔，运法的速度比推法要慢。

拿法

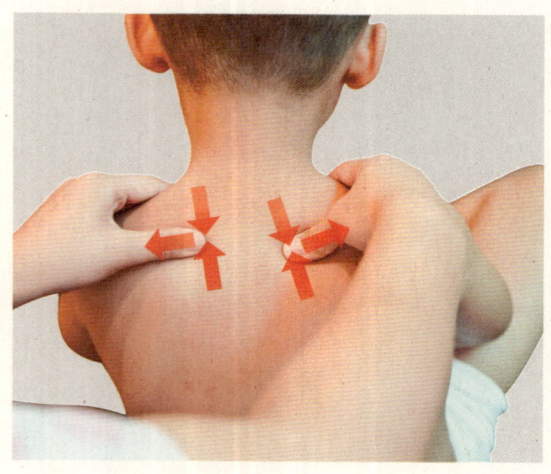

用大拇指和食指、中指，或者用大拇指和另外四指相对用力，提拿某个部位或穴位，做一紧一松的拿捏。

要领：迅速拿起肌肉组织后，稍等片刻再松手复原。

擦法

用手掌、大鱼际或小鱼际着力于选定的部位，做直线来回摩擦的手法。

要领：沿直线往返，着力部位要紧贴皮肤，力度要适中。

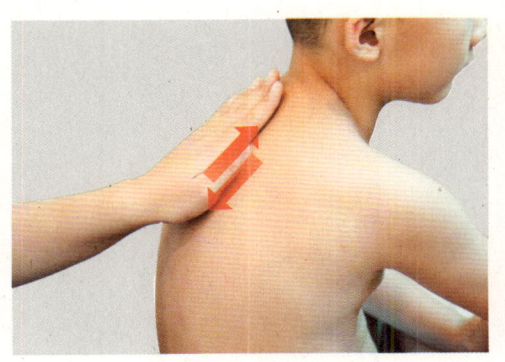

掐法

用拇指指甲既快又重地掐在穴位上。临床上这种方法经常用于急救。

要领：快进快出、垂直施力，临床上常用的掐人中就是这种方法。

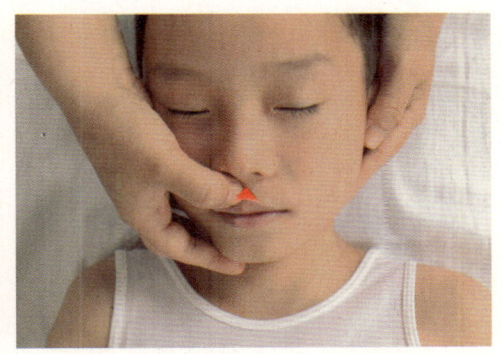

叩法

用指或者掌等叩打孩子身体的一种手法，多用于四肢及腰部。

要领：用腕发力，由轻到重，由慢到快或快慢交替进行。动作要灵活，发力要有弹性。

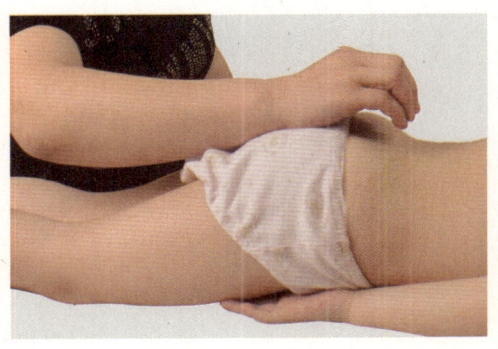

抖法

这是抖动身体的一种手法，适用于上肢，有舒缓筋骨的作用。

要领：抖动时将孩子肢端握住，用频率高、幅度小的力量使肢体做波浪式抖动。抖法一般作为上下肢推拿的结束手法。

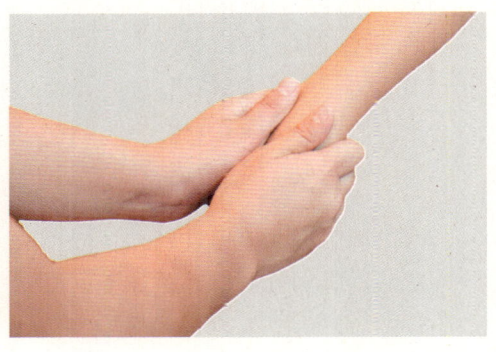

第2节 头面部抚触

眉部抚触

要领：中等力度、缓慢，做3~5次。

功效：经常按揉有明目的作用，对感冒、结膜炎、流眼泪等症状也有缓解作用。

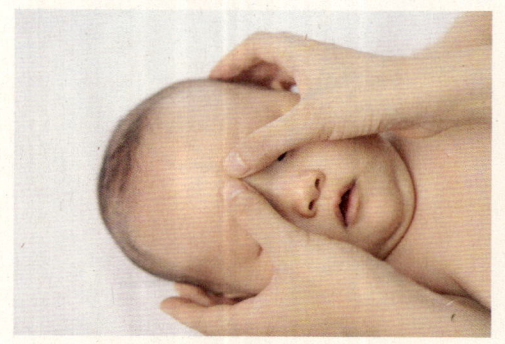

1. 将双手拇指置于宝宝的眉头上方，其余4指呈环状固定于宝宝脑后。

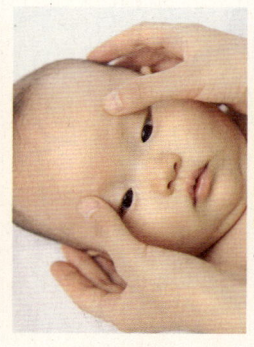

2. 双手拇指沿眉骨方向，水平按揉至宝宝太阳穴，轻柔太阳穴。

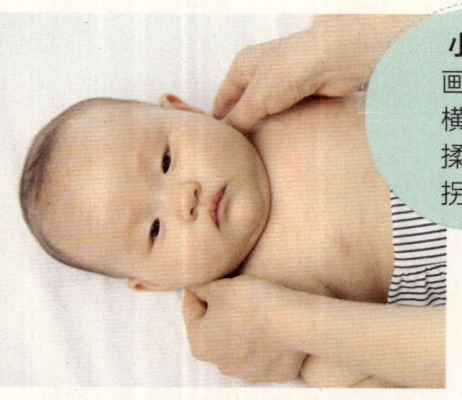

3. 可再向下按摩至宝宝耳后，或用拇指沿着胸锁乳突肌一直向下到宝宝颈部。

小口诀
画个圈，
横着走，
揉一揉，
拐个弯。

儿歌

小手拍拍，小手拍拍，
宝宝的小手伸出来，
宝宝的眼睛在哪里？
眼睛在这里，用手指出来。

小贴士

眉部抚触最适合亲子眼神交流。家长可与宝宝保持20~30厘米的距离，发自内心地与宝宝交流。

鼻部抚触

要领： 中等力度、缓慢，做3次。
功效： 有助于鼻子通气。

> **小口诀**
> 两个点，
> 直着走。
> 颧骨下，
> 飘起来。

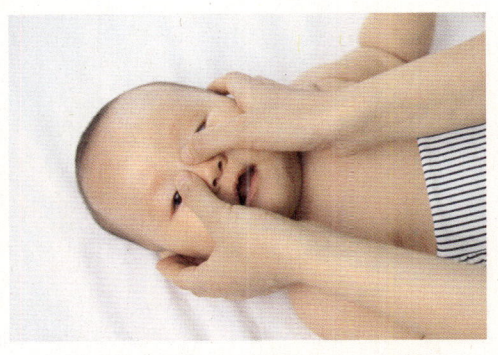

1 将两手拇指放在与宝宝眼睛水平的鼻梁两侧，其余手指放在宝宝脸侧。

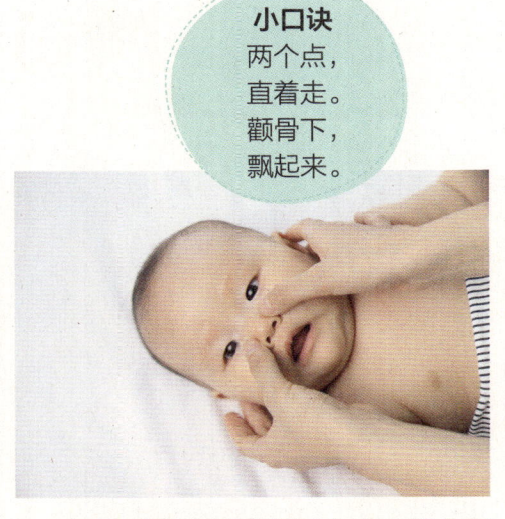

2 两手的拇指沿鼻梁方向向下揉压至鼻翼处。

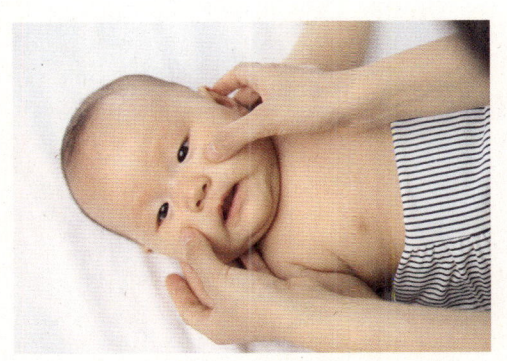

3 再沿着水平方向，绕过颧骨。

4 按至宝宝耳前。

> **儿歌**
> 一二三，爬上山，
> 四五六，翻跟头，
> 七八九，拍皮球，
> 张开两只手，鼻子扭一扭。

> **小贴士**
> 做鼻部抚触，比较靠近眼睛，动作力度一定要轻柔。

第 3 节
胸部抚触

胸部抚触

要领：稍用力、缓慢，做 4 次。
功效：动作大而舒展，舒展筋骨，促进血液循环。

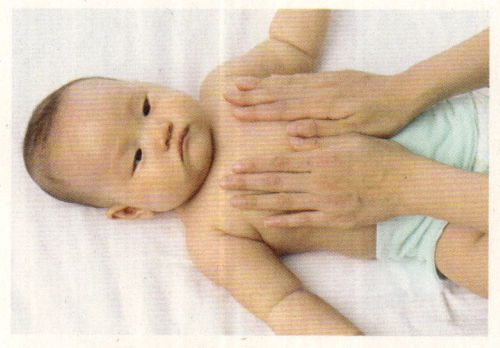

1 妈妈将双手手掌平放在宝宝的胸部。

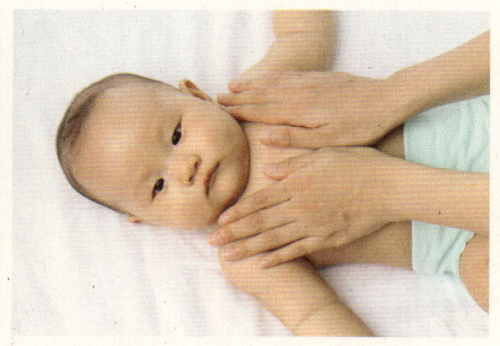

2 手掌自下而上推动至宝宝锁骨处。

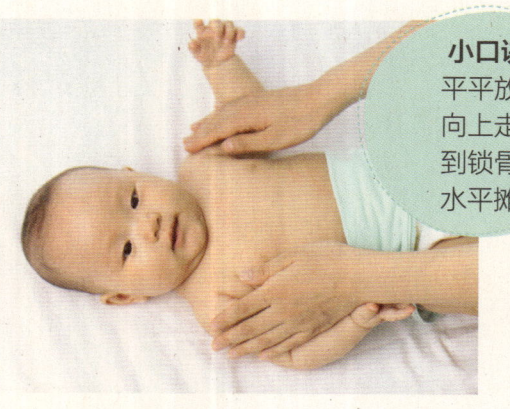

3 沿着水平方向按至宝宝的肩膀部位。

小口诀
平平放，
向上走。
到锁骨，
水平摊。

儿歌
小宝宝，甜嘴巴。
喊妈妈，喊爸爸。
喊得奶奶笑哈哈。

小贴士
做这个抚触时，要注意手掌全部紧贴宝宝的胸部，力度可稍微大一些。

扩胸运动

要领：稍大力度、缓慢，做4次。
功效：增强宝宝的心肺功能。

> **小口诀**
> 握小手，
> 飞呀飞。
> 回来喽，
> 飞呀飞。

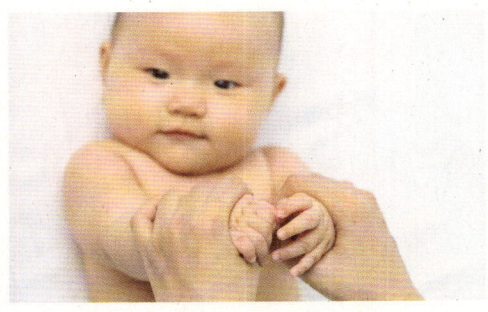

1　双手分别握住宝宝的小手。

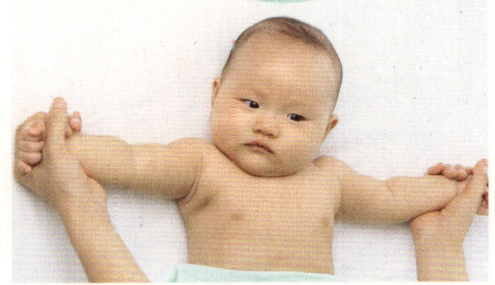

2　向水平方向伸展小手。

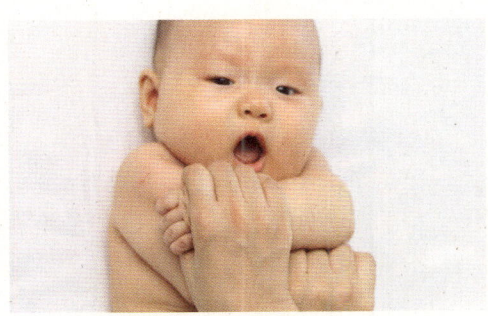

3　收回宝宝手臂并交叉于胸前。

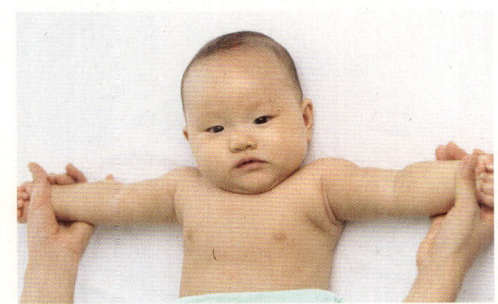

4　回复水平位。

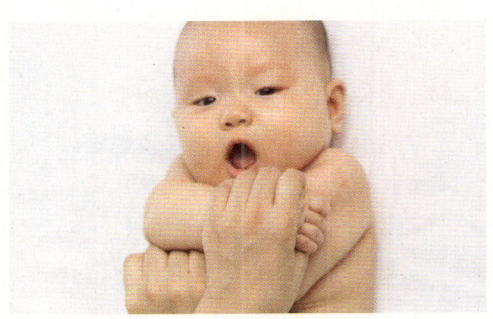

5　重复上述动作，右臂在上方。

> **小贴士**
>
> 　　婴幼儿在正常情况下是腹式呼吸，而大人多采用胸式呼吸。爸爸妈妈在做双臂交叉于胸口动作时，可以用力压一下，让宝宝感受一下怎么进行胸式呼吸。

第4节 腹部抚触

腹部抚触

要领： 稍大力度、缓慢，做3～4次。
功效： 促进宝宝的肠胃蠕动，通便，增强胃肠功能。

1 将左手手掌横放在宝宝的左下腹部。

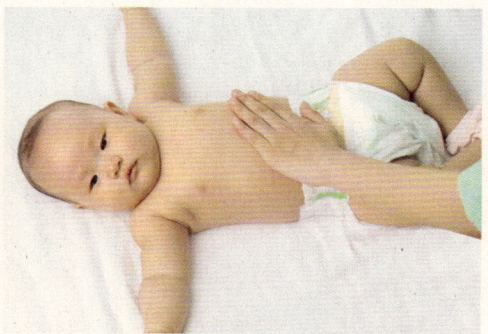

2 左手掌沿着顺时针方向滑动，至宝宝的左上腹部，然后经右上腹部至宝宝的右下腹。

小口诀
摸肚肚，
转圈圈。
跟上来，
转圈圈。

小贴士

在抚触的时候要稍稍用力，使宝宝的腹部出现皱纹。为了更好地滋润宝宝的皮肤，可以抹上橄榄油。
避开宝宝刚吃过奶后的时间段。
给新生儿做腹部抚触，应当在脐痂完全脱落之后进行。

腹部画字母

要领：稍大力度、缓慢，做 3~4 次。
功效：让宝宝感受到爱。

> **小口诀**
> 爱宝宝，
> 画肚肚。
> 说爱我，
> 画肚肚。

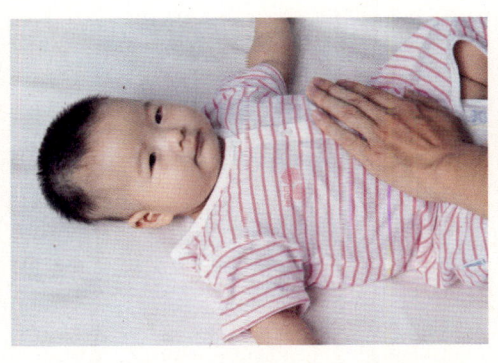

1 左手在宝宝的腹部以顺时针方向画半圆。

2 用左手从左上腹向下画一个英文字母"L"。

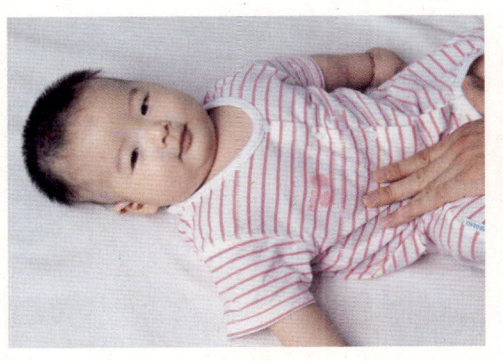

3 由右上腹经左上腹，画一个倒着的"L"。

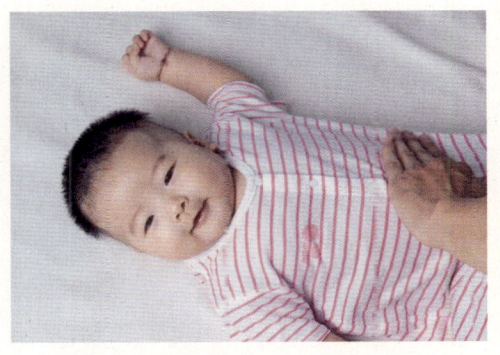

4 由右下腹经右上腹和左上腹，再到左下腹，倒写"U"。

> **儿歌**
> 羊抵角，蚁围穴，
> 蛤蟆拦路大雨到。

> **小贴士**
> 当双手在腹部以顺时针方向画半圆时，要在宝宝的下腹部结束动作，避开宝宝的脐部。

第5节 上肢抚触

手心抚触

要领： 中等力度，右手做 8～16 次，左手做 12～20 次。

功效： 手心对应的是宝宝的心、肺、肝、脾，常按摩手心能清热，促进血液循环。

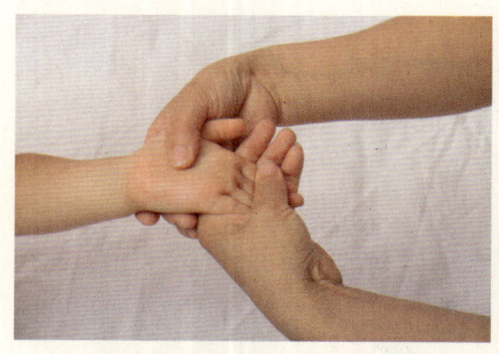

1. 将宝宝的手摊平，使宝宝手心朝上。

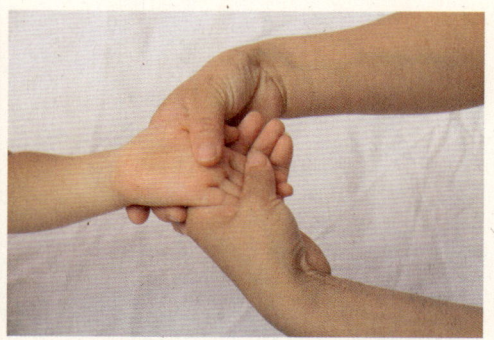

2. 将宝宝的拇指放在宝宝手掌侧固定，用右手食指在宝宝的手掌外部沿顺时针方向画圆圈。

小口诀
握小手，
画圈圈。
二十次，
画圈圈。

儿歌
杨柳儿活，抽陀螺；
杨柳儿青，放空钟；
杨柳儿死，踢毽子；
杨柳发芽，打拨儿。

小贴士
爸爸妈妈宜在宝宝手掌的外沿，画大圈搓动。最好不要在一个点按揉，也不要在手心处画小圈。

手背抚触

要领：中等力度，右手做 8～16 次，左手做 12～20 次。
功效：刺激神经，促进手背的血液循环和肌肉运动。

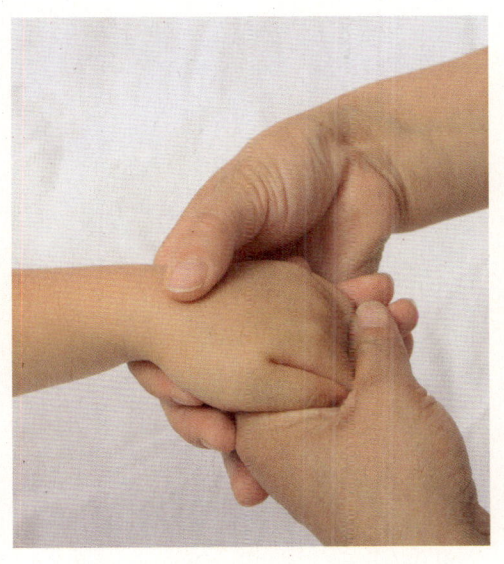

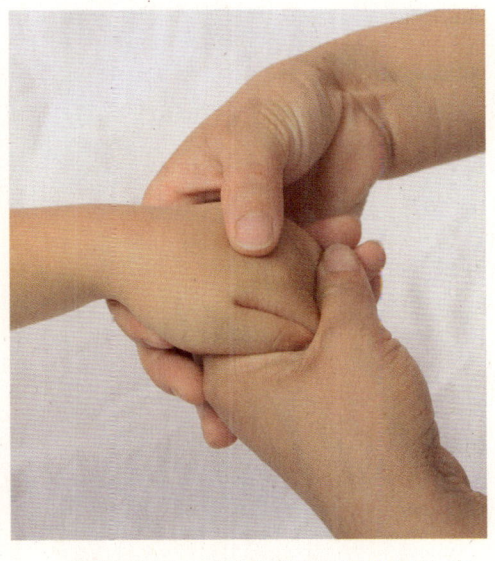

1 将宝宝的手背朝上，爸爸或妈妈将双手食指、中指、无名指和小指放在宝宝的掌面，将拇指放在宝宝的手背上，固定宝宝的小手。

2 两肘朝外，以便两拇指呈水平方向。将双手的拇指放在宝宝的手背上，由上至下地交替在宝宝手背上搓动。

小口诀
小手背，
搓一搓。
二十次，
搓一搓。

儿歌
羊，羊，吃野草，
不吃野草远我道，
不远打尔脑。

小贴士
按揉宝宝手背时，一呼一吸做 2 次，这样效果更明显。

手指抚触

要领： 轻轻地每根手指做 2 次。

功效： 为宝宝精细动作发展做准备。

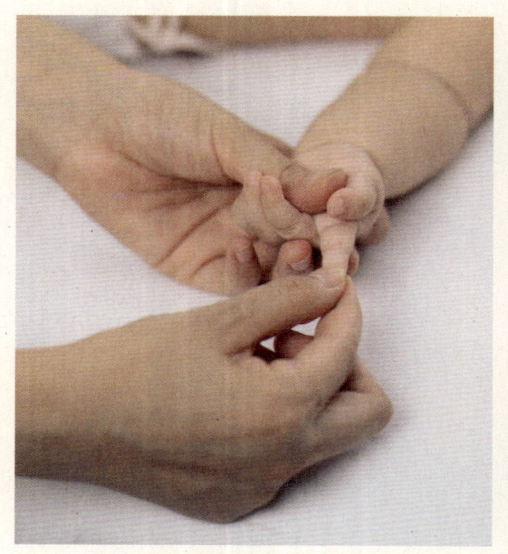

1. 用拇指和食指轻轻拿起宝宝的一根手指。

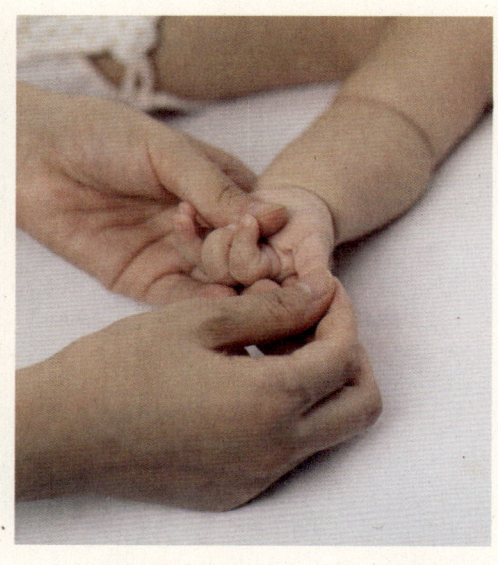

2. 由指根处旋转、揉按，并移向指尖。

小口诀
爸爸看看，妈妈瞧瞧，
宝宝的小手真好看。
爸爸瞧瞧，妈妈看看，
宝宝的小手不见了。
爸爸妈妈快来看，
宝宝的小手出现了。

儿歌
江山一笼统，
井上黑窟窿。
黄狗身上白，
白狗身上肿。

小贴士
抚触的顺序可以从拇指到小指。

按揉合谷

要领： 中等力度，右手做 30 次，左手做 40 次。
功效： 清利头目，缓解头痛、头晕、感冒、鼻塞等不适。

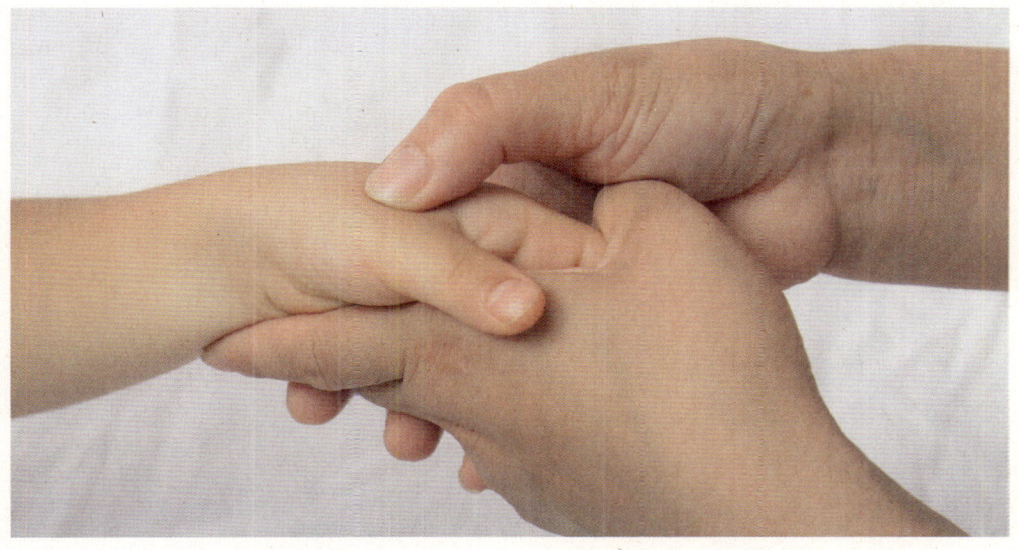

拇指顺时针方向按揉宝宝的合谷穴。

小口诀
小巧手，
揉一揉。
变聪明，
揉一揉。

儿歌
一个犁牛半块田，
收也凭天，荒也凭天。
粗茶淡饭饱三餐，
早也香甜，晚也香甜。

小贴士

合谷穴在手背，第 1 和第 2 掌骨之间，即拇指与食指的交接处。

可一边抚触，一边和宝宝对视，发自内心地微笑，并适时与宝宝交流。

搓手臂

要领： 中等力度、中速，每个手臂做 2 次。

功效： 活动宝宝手臂的肌肉，促进宝宝的血液循环。

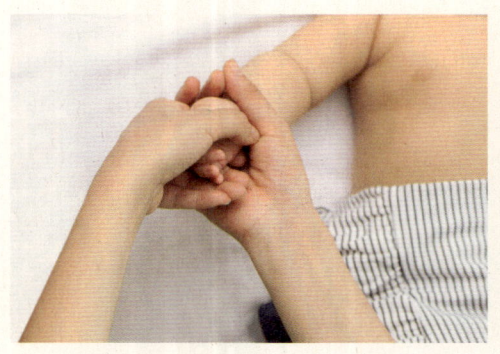

1 左手握住宝宝的小手，固定。右手拇指与其余 4 指握成环状，松松地套在宝宝的手臂上。

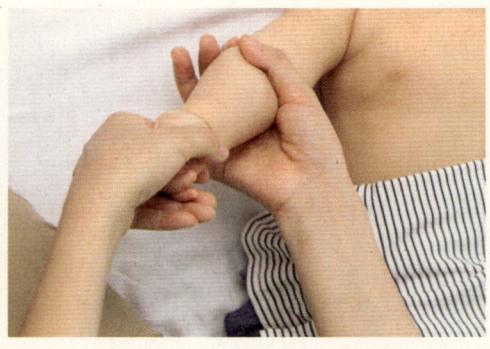

2 右手手掌从宝宝的腕关节开始绕圈揉按，揉按至宝宝的肩关节，揉按时腕关节用力。

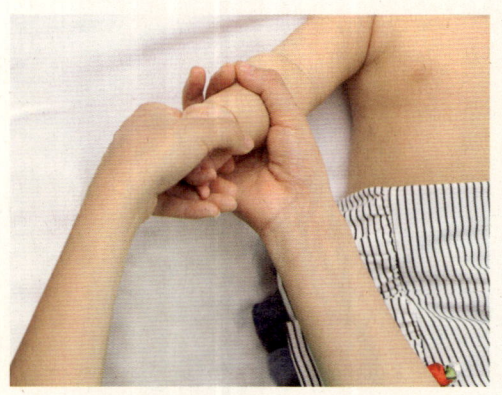

3 再从肩关节回揉至宝宝的腕关节。

儿歌

布衣得暖胜丝绵，
长也可穿，短也可穿；
草舍茅屋有几间，
行也安然，待也安然。

小口诀

小火车进洞，
呼啦啦啦，
呼啦啦啦。

小贴士

爸爸妈妈的手要与宝宝的手臂接触，但不要伤到宝宝的皮肤。

手臂运动

要领： 中等力度、中速。

功效： 活动宝宝的肩、肘、腕关节。

小口诀
转一圈，
长高高。
转两圈，
长大个。

儿歌

鹅，鹅，鹅，曲项向天歌。
白毛浮绿水，红掌拨清波。

小贴士

爸爸妈妈在抚触时，动作要舒缓，特别是让宝宝手臂向外伸展时，动作一定要轻柔。

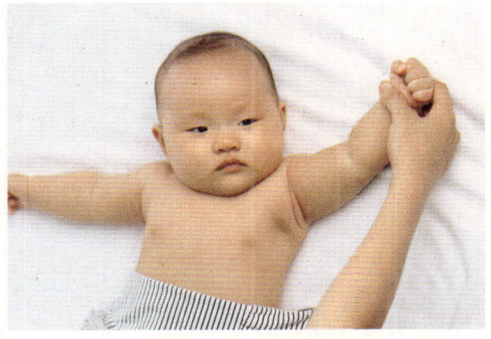

1　一手扶着宝宝的肩膀，另一只手握着宝宝的小手。将宝宝的手臂由身体的侧部提起。

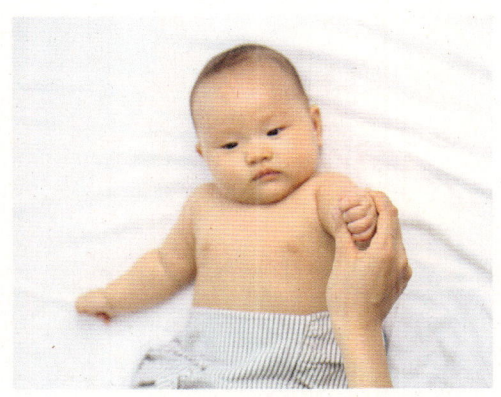
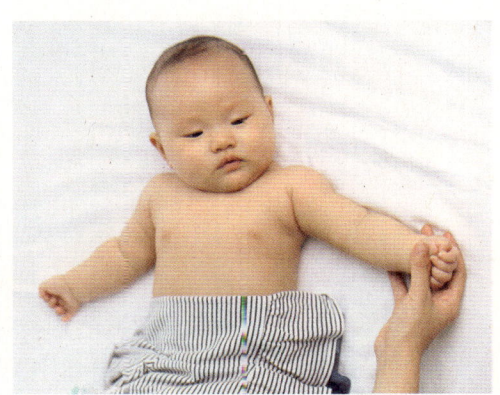

2　以肩部为轴，向外环转转动1周后，回到原位。换另一侧手臂做同样的动作。

第 6 节
下肢抚触按摩

按揉足三里

要领： 中等力度，右腿做 20 ~ 30 次，左腿做 30 ~ 40 次。

功效： 缓解腹痛、恶心、呕吐、便秘等不适。

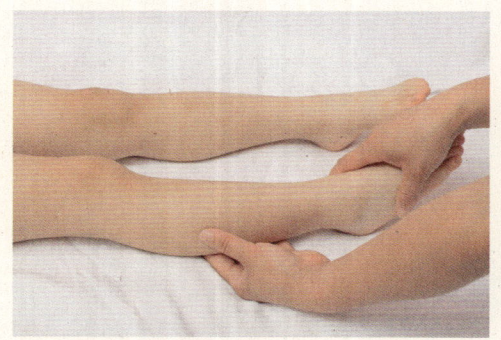 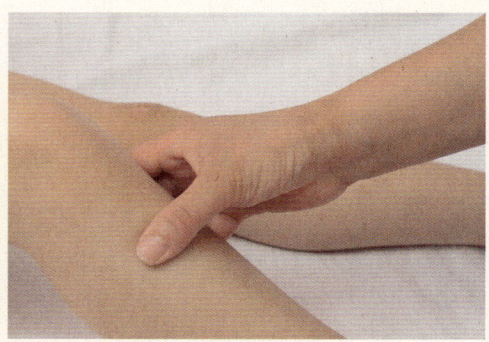

右手握住宝宝的足踝部，将左手拇指横放于足三里处，顺时针方向按揉。
足三里位于宝宝外膝眼下 3 寸，胫骨外侧缘一横指处。

小口诀
转转圈，足三里。
治腹痛，治腹泻。
吃得香，睡得好。

儿歌
风吹藤动铜铃动，
风停藤停铜铃停。
手扭锁开钥匙开，
手停锁停钥匙停。

小贴士
小儿自己的食指、中指、无名指、小指并拢，中指近端指间关节横纹水平的四指宽度为 3 寸。

按揉丰隆穴

要领：中等力度，右腿做 30 ~ 50 次，左腿做 30 ~ 50 次。
功效：缓解痰鸣、气喘等不适。

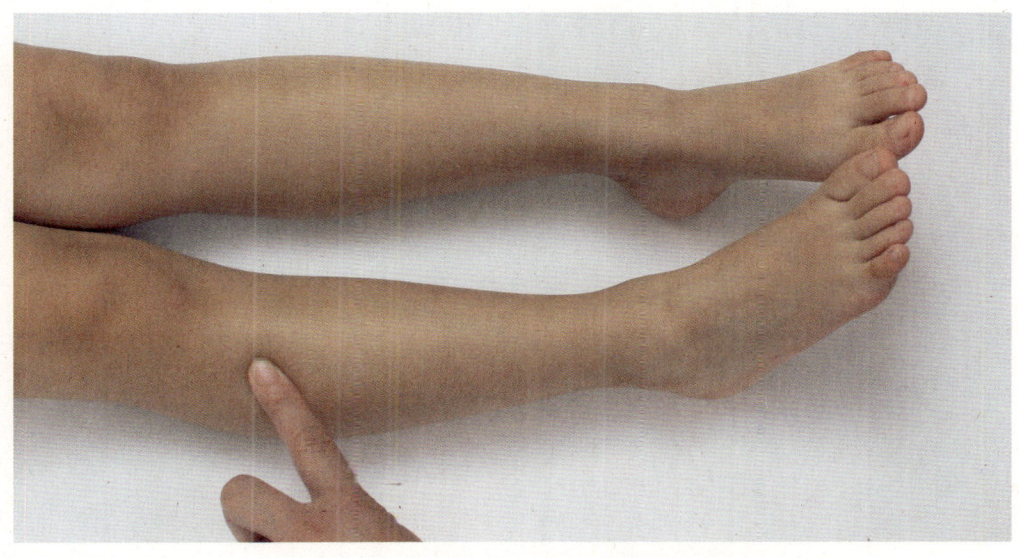

丰隆穴位于外踝尖上 8 寸，胫骨前缘外侧 1.5 寸，胫骨、腓骨之间。将拇指指端放在丰隆穴，然后顺时针方向按揉丰隆穴，按揉 30 ~ 50 次。

小口诀
转转圈，丰隆穴。
治痰鸣，治气喘。
吃得香，睡得好。

儿歌
早上空气好，
我们做早操。
伸伸臂，扭扭腰，
踢踢腿，身体棒。

腿部抚触

要领： 适当力度、中速，每条腿重复做 2 次。
功效： 帮助宝宝活动腿部肌肉，促进血液循环。

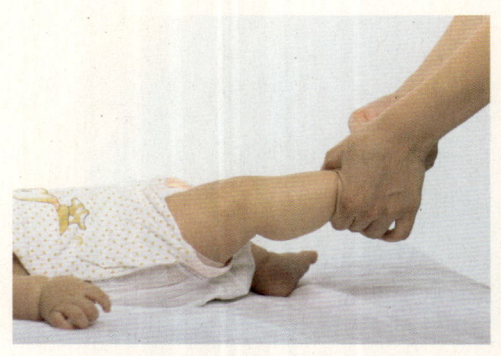

1　左手拇指与其余 4 指呈环状，松松地套在宝宝的小腿上，右手握住宝宝的足掌，固定。

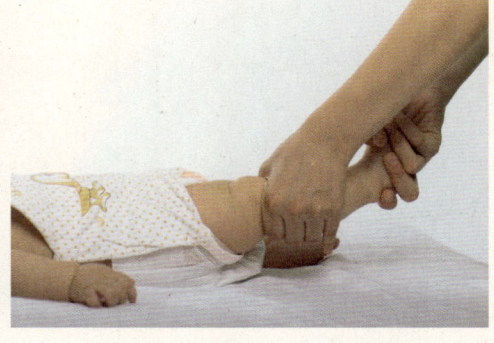

2　左手手掌从宝宝的踝关节开始绕圈揉按，揉按至宝宝的腿根处。

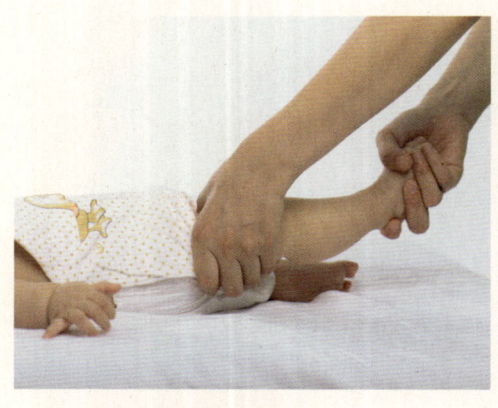

3　再回揉至宝宝的踝关节。

小口诀
小左（右）腿，
有力气。
向上搓，向下搓。

儿歌
月光光，好种姜，
姜打花，好种瓜。

小贴士
不要搓伤宝宝的皮肤。

膝关节伸屈

要领： 中等力度、中速。

功效： 让膝关节变得有力，为爬行和走路打基础。

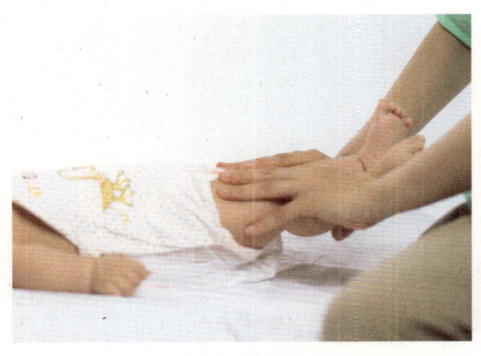

1 双手分别握住宝宝的小腿。

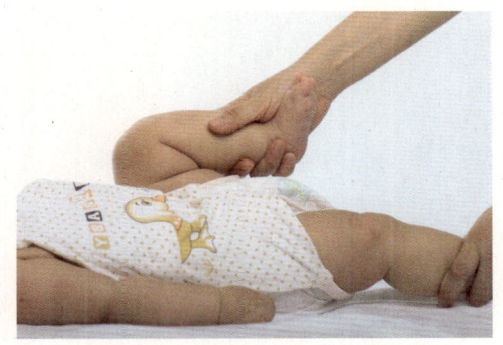

2 先抬起宝宝的左腿，向上推使左腿膝关节弯曲，尽可能地使宝宝的大腿贴近腹部。

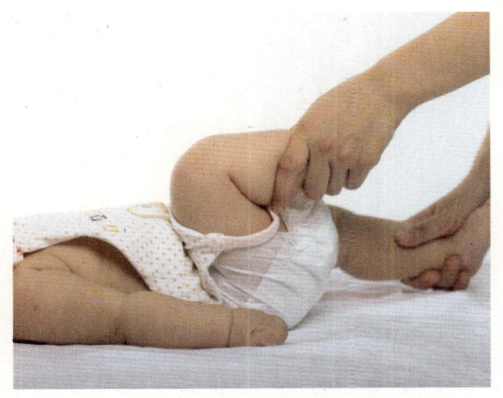

3 再抬起宝宝的右腿做同样的动作。

小口诀
握小脚，
抬起腿。
弯啊弯，
再伸直。

儿歌
羊羊羊，跳花墙，墙墙破，驴推磨，猪挑柴，狗弄火，小猫上炕捏饽饽。

小贴士
一边抚触，一边与宝宝的眼睛对视，发自内心地微笑，并适时与宝宝进行情感交流。

双腿上举

要领： 适当力度、中速，重复做 4 次。
功效： 增加腿部运动，松筋健骨。

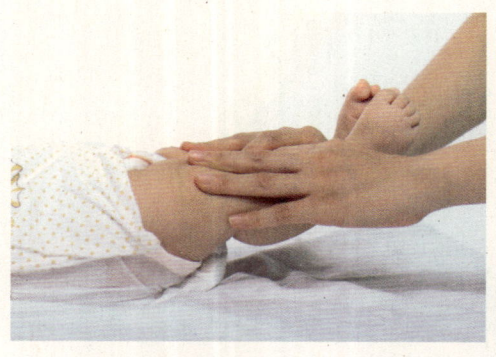

1 双手两拇指分别按在宝宝两腿的腓肠肌上，其他 4 指紧贴在宝宝的膝关节，使宝宝的双腿伸直。

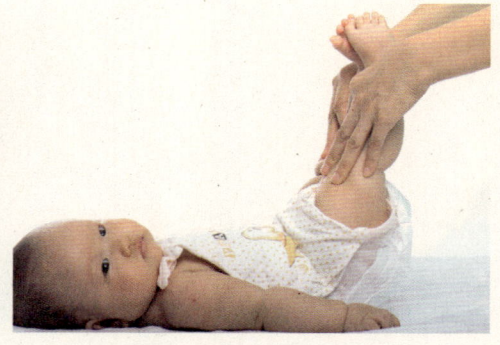

2 缓缓举起宝宝的双腿，使其与身体成 90°。

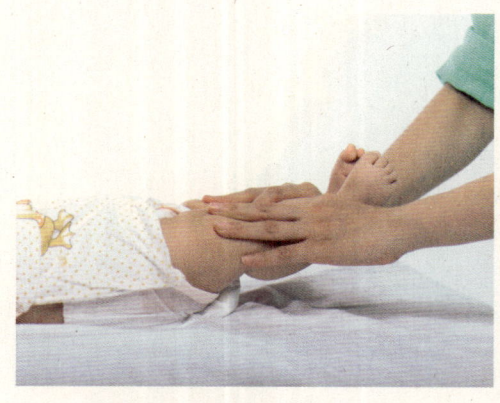

3 慢慢还原，再重复做几遍。

小口诀
小宝宝，身体棒。
不生病来不吞药。
每天双腿举高高，
一二一二练长跑。

儿歌
小老鼠，上灯台，偷油吃，下不来。
老鼠老鼠你别急，抱个狸猫来哄你。

小贴士
这个动作幅度比较大，注意不要引起宝宝的不适。

腿部环转运动

要领：中等力度、缓慢，重复做4次。
功效：以髋关节为中心做圆周运动，可锻炼髋关节、膝关节、踝关节。

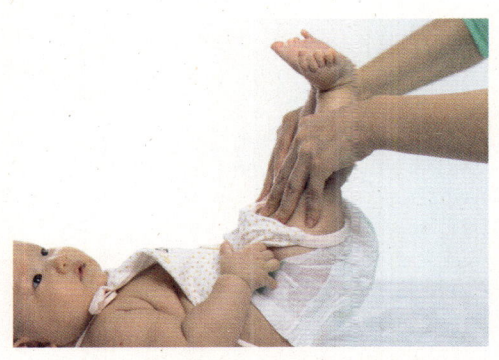

1 宝宝自然仰卧。爸爸或妈妈两手握住宝宝的双腿并提起，使其与身体成70°~90°，之后放下右腿。

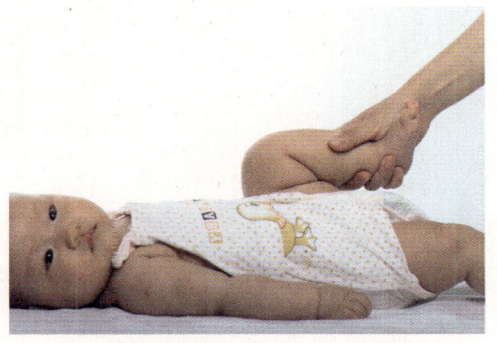

2 左腿以髋关节为轴，向外做环转运动一周后回到原位。

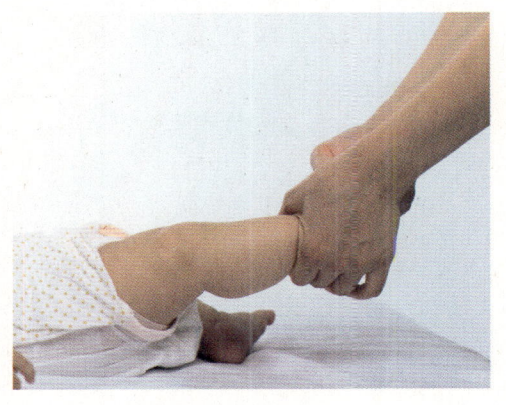

3 右腿做同样的动作。

小口诀
小腿腿，
转大圈。
转啊转，
转回来。

儿歌
摇，摇，摇，摇到外婆桥。
外婆对我笑，叫我好宝宝。
糖一包，果一包，吃完饼儿还有糕。

小贴士
这个动作宜顺着宝宝身体的姿势用力，不要引起宝宝的不适。

第 7 节
背部抚触按摩

推脊

要领：中等力度、缓慢，重复做 3 次。
功效：促进消化吸收。

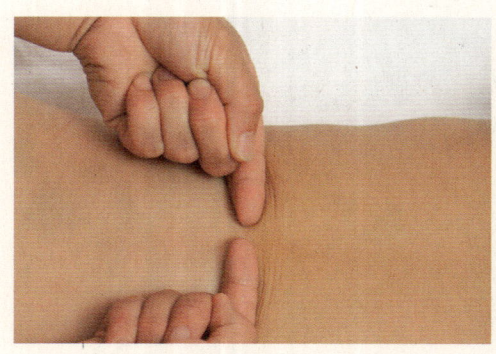

1. 双手食指放在宝宝背部的尾骨处（长强穴）。

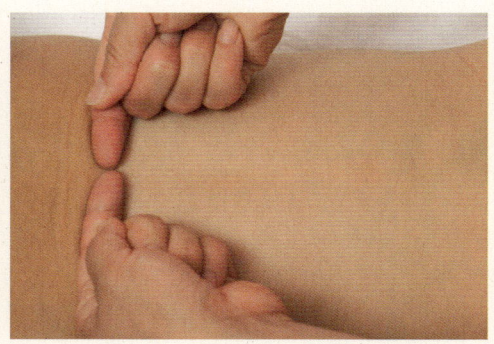

2. 双指同时沿着脊柱方向向上推至宝宝颈椎下方的突起处（大椎穴）。

小口诀
小宝宝，
推后背。
推啊推，
到大椎。

儿歌
张打铁，李打铁，
打把剪刀送姐姐，
姐姐留我歇，我不歇，
我要回去打毛铁。

按揉脾俞

要领：中等力度、中速。按揉2次。
功效：增强脾胃功能。

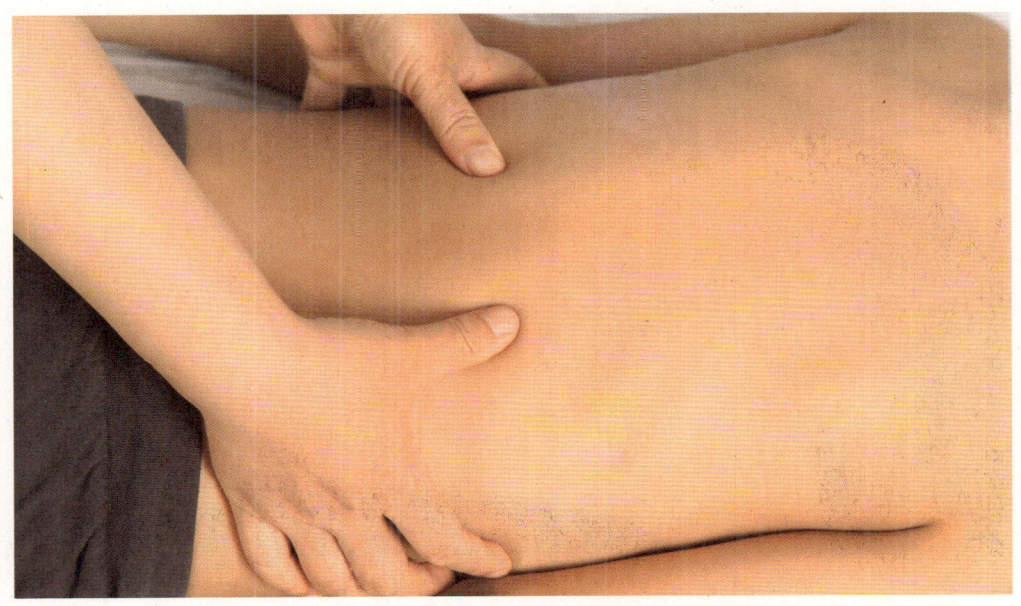

脾俞的位置：在背部第11胸椎棘突下，左右各旁开1.5寸处。
操作时用双手拇指按揉2次。

小口诀
小宝宝，
按脾俞。
左一圈，
右一圈。

儿歌
推磨，摇磨，
推豆子，磨豆腐，
打碗米来煮，
煮又煮不熟，
抱着罐罐哭。

小贴士
可以在捏脊2次后按摩脾俞，这样效果比较好。宝宝也比较容易接受。

按揉胃俞

要领： 中等力度、中速，按揉2次。
功效： 促进消化。

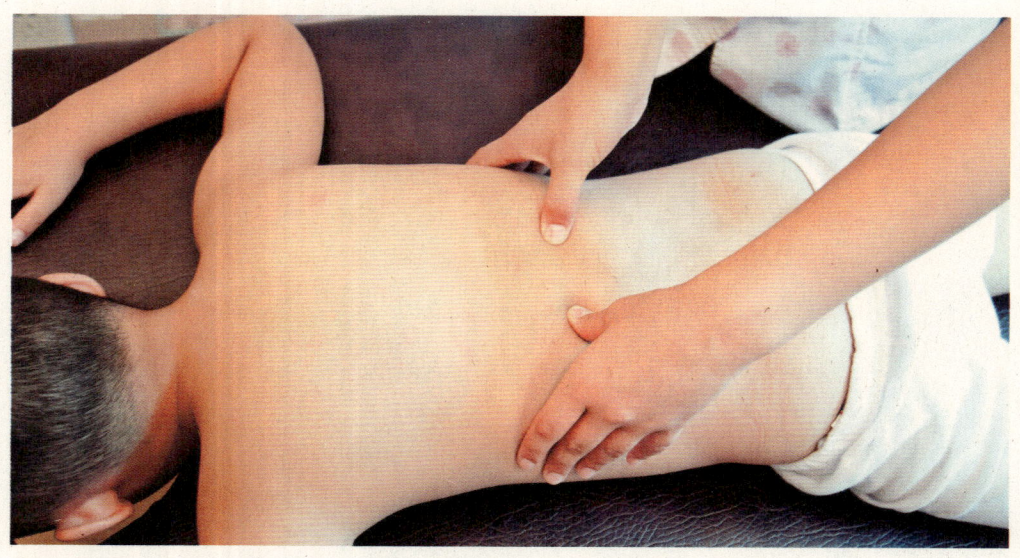

胃俞的位置：在背部第12胸椎棘突下，左右各旁开1.5寸处。
操作时用双手拇指按揉2次。

小口诀
乖宝宝，
按胃俞。
吃好饭，
长得快。

儿歌
小小子儿，坐门墩儿，
哭哭啼啼要媳妇儿，
要媳妇儿，干什么？
点灯说话儿，吹灯做伴儿，
到明儿早晨，梳小辫儿。

小贴士
这个动作也适宜在捏脊2次后进行。

按揉肾俞

要领：中等力度、中速，按揉 3 次。

功效：有健肾、强健腰椎的功效。

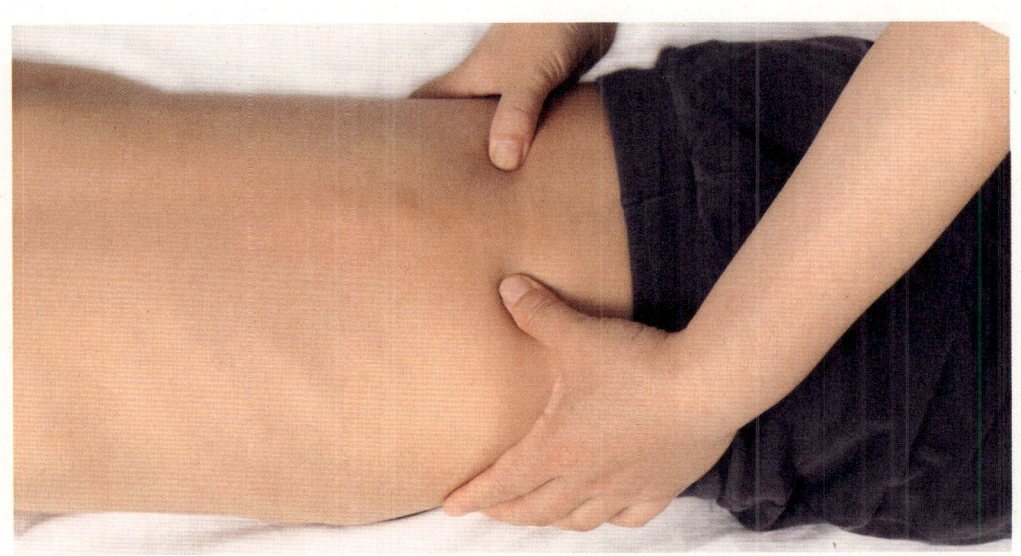

肾俞的位置：在第二腰椎棘突下，左右各旁开 1.5 寸处。
操作时双手拇指横放，沿水平方向分别向两侧轻轻揉按。

小口诀
乖宝宝，
按肾俞。
暖脾胃，
强腰椎。

儿歌
哪边高？这边高。
哪边矮？这边矮。
一锅豆腐做成十二块。
嫩豆花，好的菜，
今天做来明天卖。

小贴士
这个动作也适宜在捏脊 2 次后进行。

第 8 节

脚掌抚触按摩

足心抚触按摩

要领： 中等力度，右足心、左足心各做 50 次。

功效： 足心处分布着身体各部位的反射区，按摩足心可促进宝宝全身各器官功能的发育。

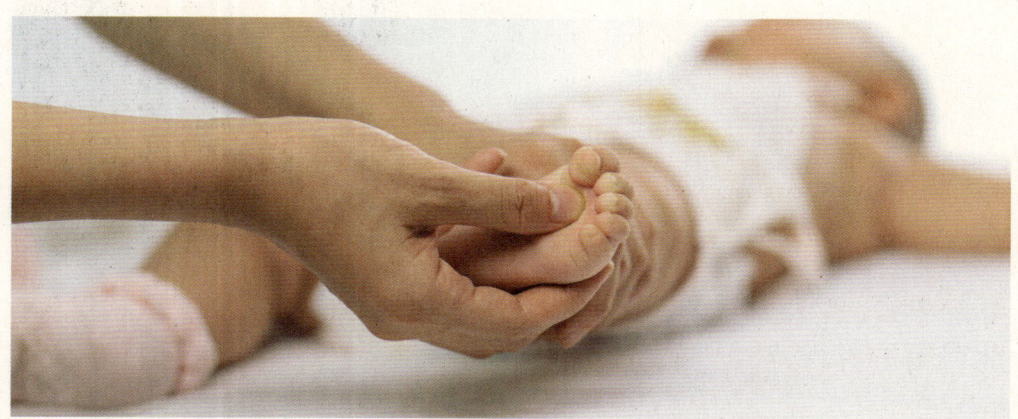

宝宝自然仰卧，爸爸或妈妈用左手握住宝宝的踝关节，右手食指指腹在宝宝足心沿顺时针方向按揉 1 圈。

小口诀
脚趾头，
转一圈。
小脚丫，
笑哈哈。

儿歌
一去二三里，
烟村四五家。
亭台六七座，
八九十枝花。

小贴士
爸爸妈妈最好在宝宝足掌的外沿，画大圈搓动。不要在一个点揉按，也不要在足心处画小圈。

按揉涌泉

要领： 中等力度，右侧涌泉、左侧涌泉各做 50 次。
功效： 补肾清肺，促进宝宝生长。

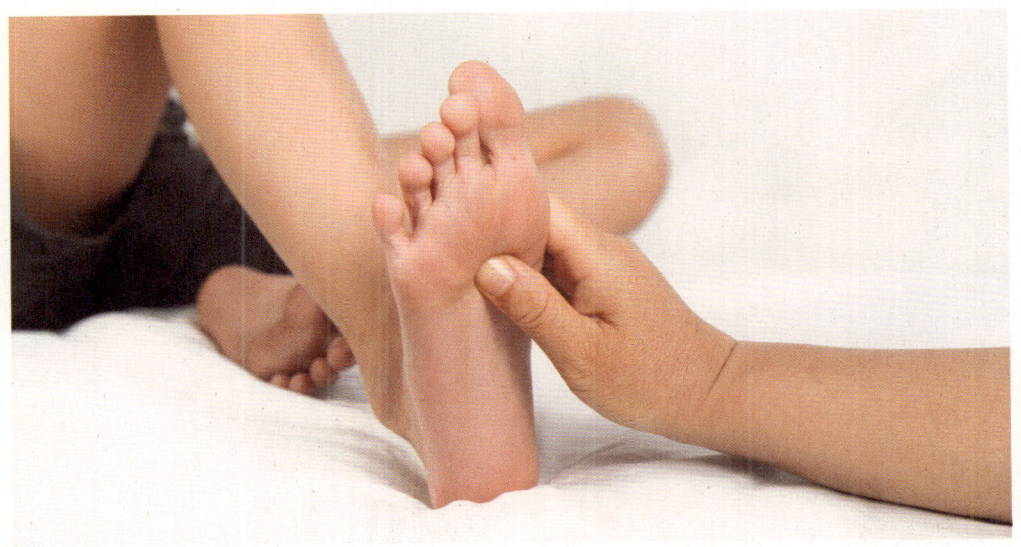

可用拇指按揉涌泉穴 30 下。

小口诀
揉小圆，
宝宝乐，
再一圈，
笑哈哈。

儿歌

月亮月亮是妈妈，
星星星星是娃娃。
月亮嘴巴笑一笑，
星星眼睛眨一眨。
月亮好，好妈妈，
星星好，好娃娃。

小贴士

涌泉穴位于足底的人字纹处，蜷足时足前部凹陷处。

足背抚触

要领：中等力度，右脚、左脚各做20次。
功效：活动肌肉，促进宝宝的血液循环。

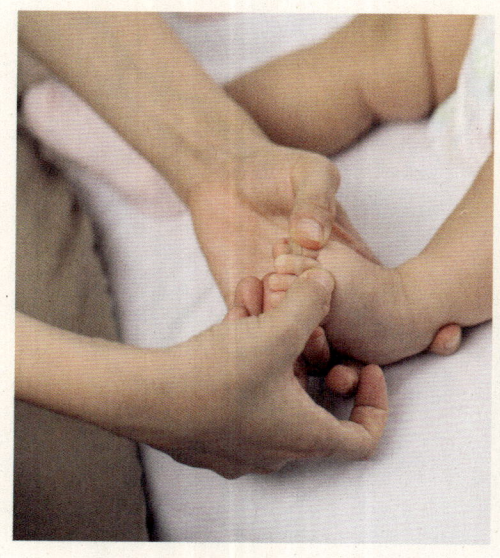 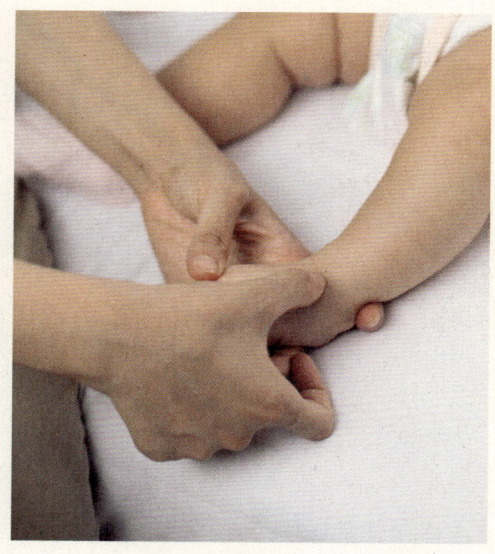

1. 宝宝自然仰卧。爸爸或妈妈将双手大拇指放在宝宝的脚面上，其他4指放在宝宝的脚下。

2. 双手拇指横放，从下向上揉搓宝宝的脚背。

小口诀
一二一，
搓脚背。
一二一，
揉脚背。

儿歌
明日复明日，
明日何其多。
我生待明日，
万事成蹉跎。

小贴士
爸爸妈妈最好在宝宝的脚掌外沿，画大圈并搓动。不要在一个点揉按，也不要在足背中心处画小圈。

足趾抚触

要领： 轻度，每个脚趾做 20 次。
功效： 活动脚趾，增强宝宝的足部触觉。

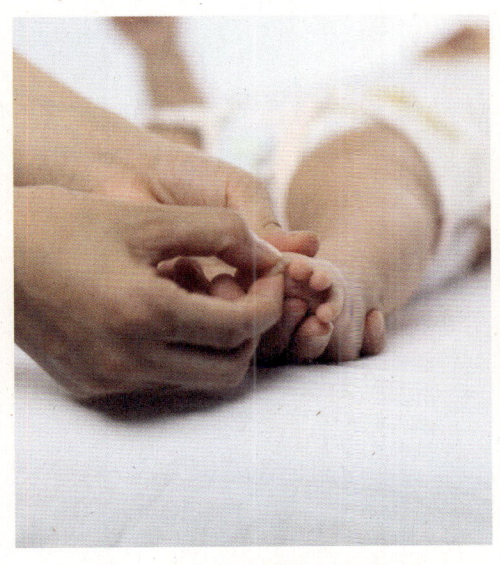

1. 用拇指、食指轻轻抓住宝宝的 1 个脚趾。

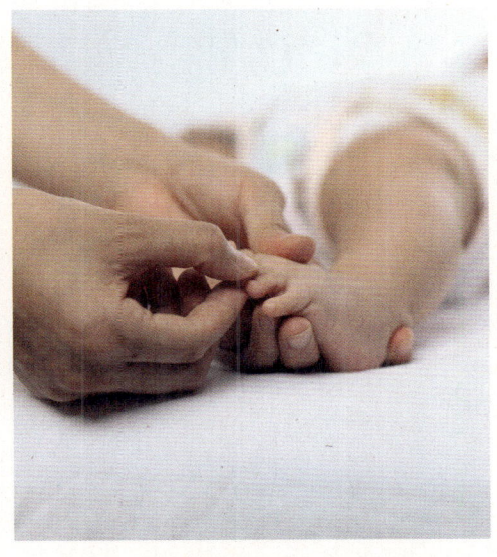

2. 从脚趾根部绕圈式揉搓至脚趾尖。抚触的顺序可从拇趾到小趾。

小口诀

转转转，
最健康。
转转转，
乖宝宝。

儿歌

拉大锯，
扯大锯，
姥姥家，
唱大戏。

小贴士

从足趾根处向趾尖揉捏。足趾抚触能帮助宝宝泻火、强身健体。

 # 抚触健体操

健体操注意事项

1. 必须在新生儿愉快的时候进行训练，如果他表示抗拒，就立即停止。

2. 每次训练只进行1项内容，一般每次训练1分钟左右。

3. 要注意调节室内温度。

4. 应让新生儿在宽大的软垫上训练，在桌子或地板上训练时应注意安全。

上肢伸直上举

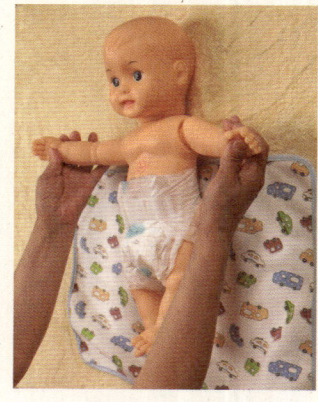 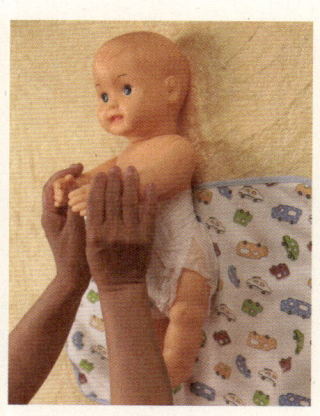 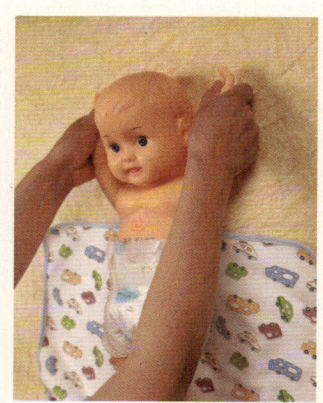

1. 宝宝仰卧，爸爸或妈妈双手握住宝宝双腕部，大拇指放在宝宝掌心，将宝宝双臂向外平展。

2. 将宝宝的双臂向前平举，两掌心相对。

3. 将宝宝的双臂上举，置于头部两侧，还原，以上动作重复两个8拍。

上肢摆动

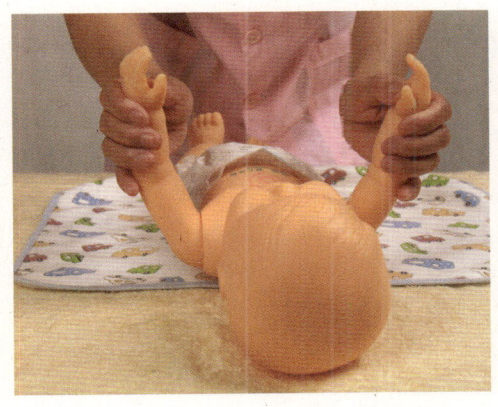 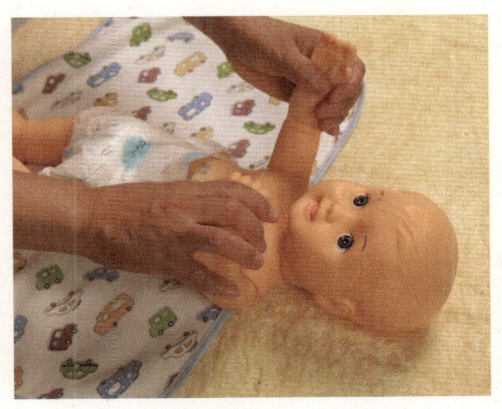

1 宝宝仰卧,爸爸或妈妈用双手握住宝宝的双腕部,大拇指放在宝宝掌心。

2 按节拍摆动上臂,小幅度地做圆周运动、外展运动和内收运动。运动的幅度约为 30°,注意不要牵拉。

伸屈肘关节

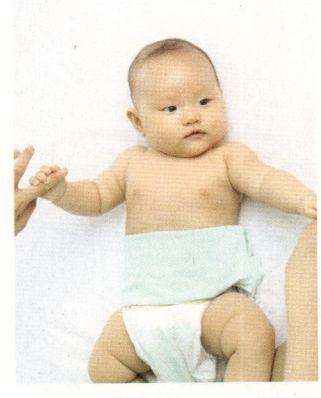 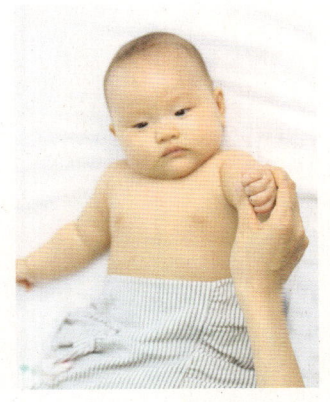 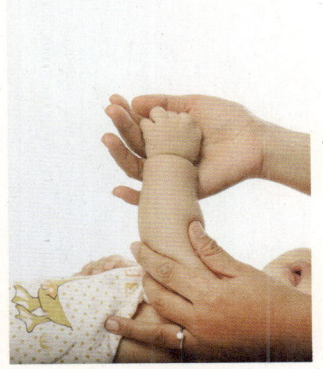

1 宝宝仰卧,爸爸或妈妈用双手握住宝宝双腕部,大拇指放在宝宝掌心。

2 将宝宝双臂向外平展,与身体成 90°,掌心向上。

3 屈伸左手臂肘关节 8 次,换右手屈伸肘关节 8 次。

扩胸运动

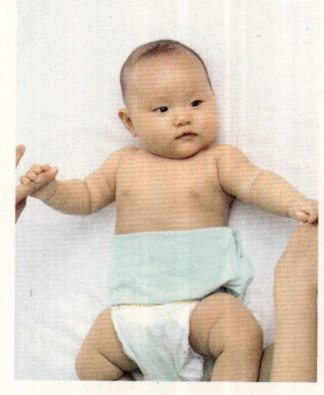 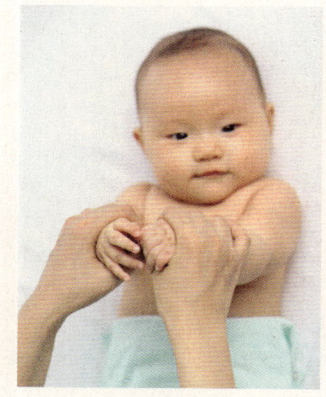 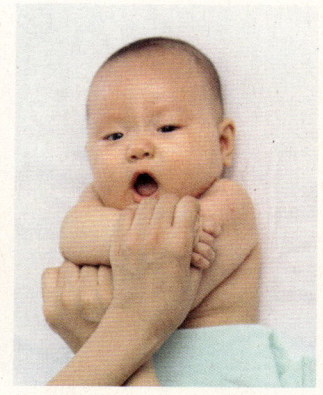

1 宝宝仰卧，爸爸或妈妈双手握住宝宝的手腕部，大拇指放在宝宝的掌心。

2 将宝宝两手臂放在胸前交叉，让宝宝两手臂向外平展，与身体成90°，掌心向上。

3 使两臂再次放在胸前交叉。以上动作重复两个8拍。

下肢伸直上举

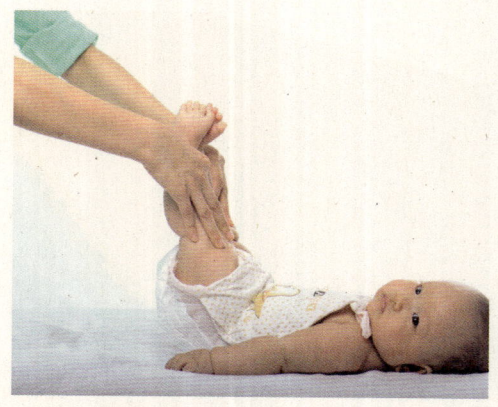 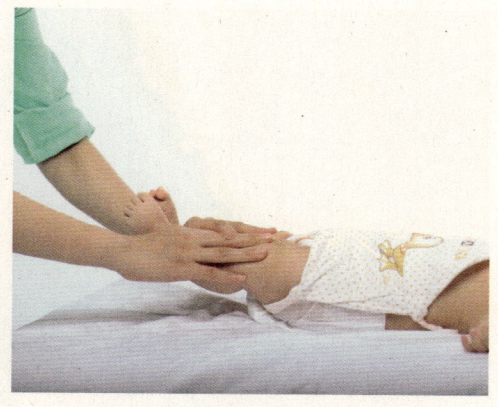

1 宝宝仰卧，爸爸或妈妈双手轻轻握住宝宝的双踝。

2 将两下肢伸直上举90°，还原。上述动作重复两个8拍。

两腿伸屈运动

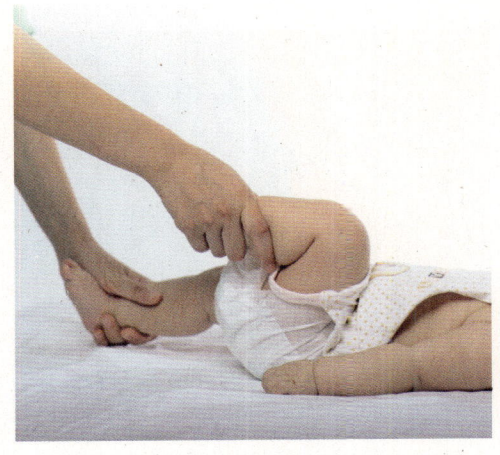

1 宝宝仰卧,两腿伸直,爸爸或妈妈双手轻轻握住宝宝双踝的上部。

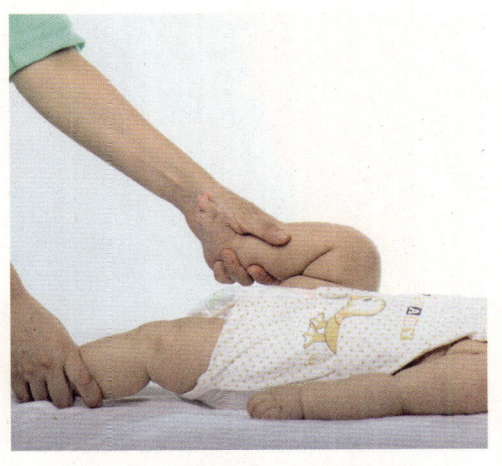

2 弯曲宝宝右侧髋关节及膝关节,使膝盖贴近腹部。

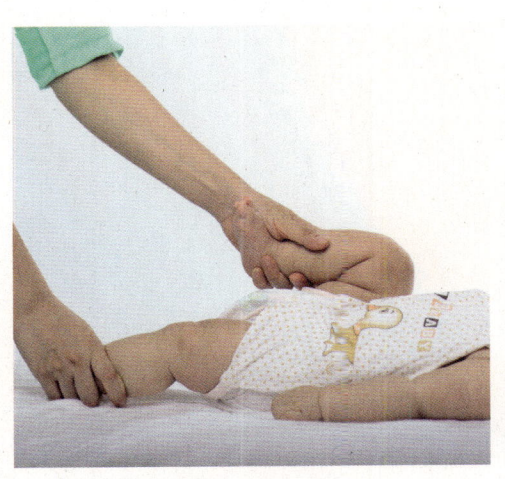

3 伸直左腿并屈伸右膝关节。

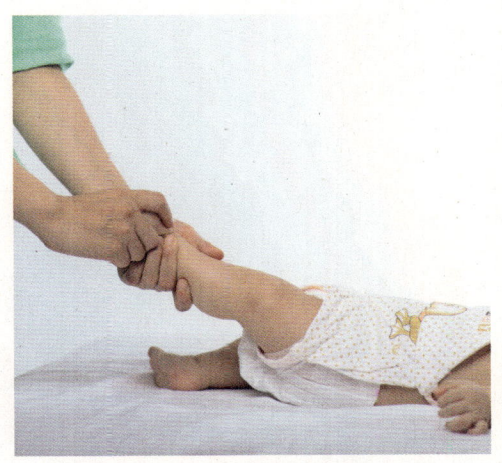

4 伸直右腿,屈伸左腿膝关节。左右轮流做,模仿蹬车动作,重复两个8拍。

屈伸趾、踝关节

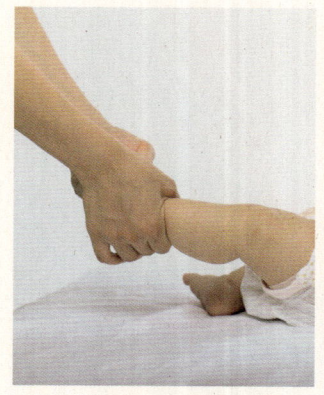 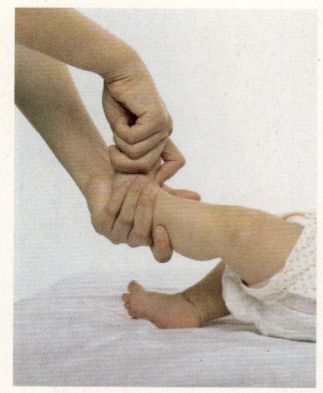 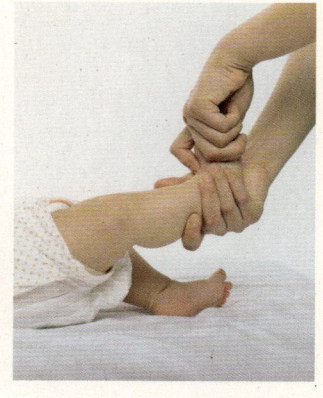

1 宝宝仰卧,爸爸或妈妈用右手握住宝宝的左踝部,左手握住宝宝左脚的5个脚趾。

2 屈伸宝宝左脚的5个趾关节,然后屈伸踝关节,连续做8拍。

3 换右脚,做屈伸右趾、踝关节动作,共8拍。

转体翻身

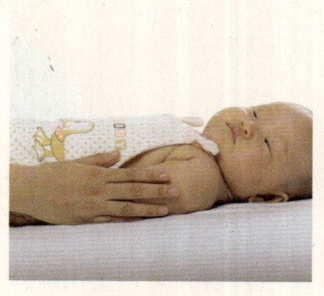 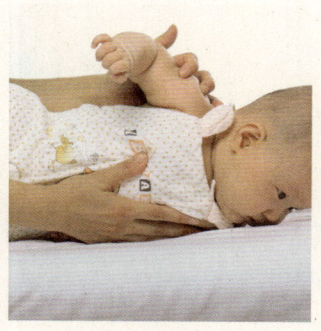 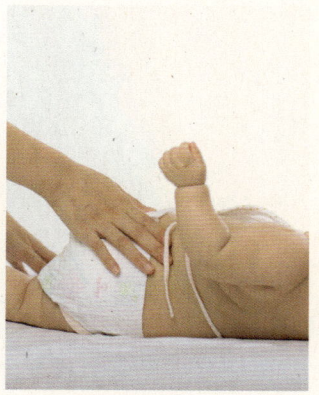

1 宝宝仰卧。

2 将宝宝从仰卧位转为左侧卧位,还原。

3 将宝宝从仰卧位转为右侧卧位,还原。以上动作重复两个8拍。

第 3 章

解决问题的抚触按摩手法

第 1 节 改善睡眠

抚触按摩可提高孩子的睡眠质量。经常接受抚触按摩的孩子，普遍能够顺利入眠，夜间啼哭的现象很少，睡眠质量比较高，生长激素分泌和生长发育情况都比较好。

中医认为，小儿神气未充，容易受惊吓，导致夜晚睡眠不安。要让孩子睡得香，爸妈可以学一点抚触按摩。

> **? 你知道吗**
>
> **如何判断小儿睡眠是否正常**
>
> 正常情况下，小儿睡眠时呼吸均匀而无声。当孩子睡眠不佳时，就会出现异常情况，比如多动、哭闹等。

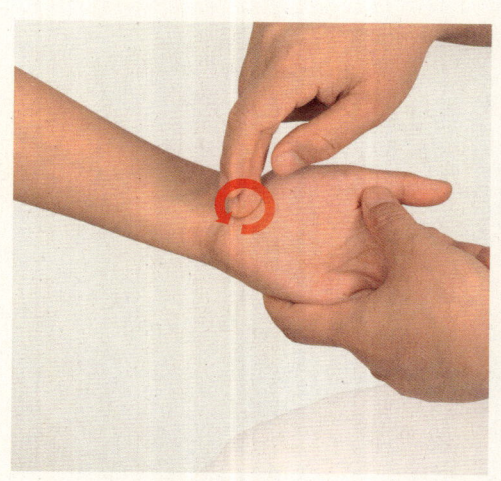

· 揉小天心

用中指揉孩子小天心100~300次。可清热镇惊，明目安神。

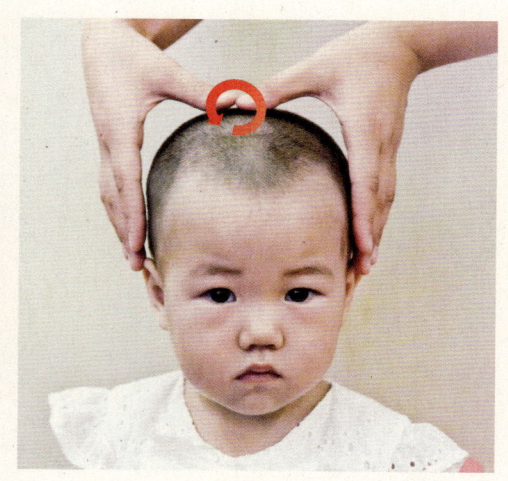

· 按揉百会

用拇指指腹轻揉孩子百会穴10~20次。可安神镇惊，调理孩子因受惊而引起的不寐。

第 2 节 促进消化

中医认为，脾胃为"气血生化之源"，是人体"后天之本"。脾胃虚弱会影响孩子的消化和吸收，造成营养不良、体虚、免疫力下降等，进而引发各种疾病。因此，保养脾胃是强身健体、防治疾病的基础。

基本手法

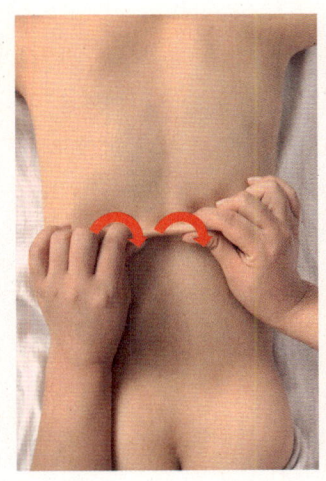

·提脾俞

用两手拇指与食指在孩子脾俞穴上提5~10次。可调理脾胃，帮助脾胃运化。

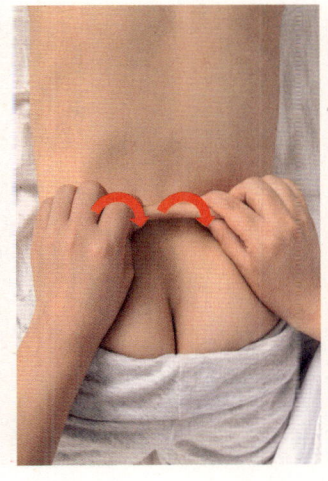

·提胃俞

用两手拇指与食指在孩子胃俞穴上提5~10次。可和胃健脾，理中降逆，预防积食。

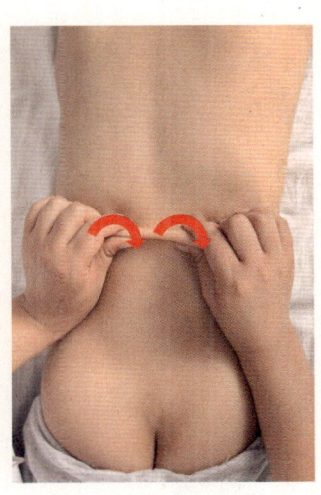

·提大肠俞

用两手拇指与食指在孩子大肠俞穴上提5~10次。可调理胃肠，防止小儿消化不良、便秘、泄泻等。

配合抚触按摩手法

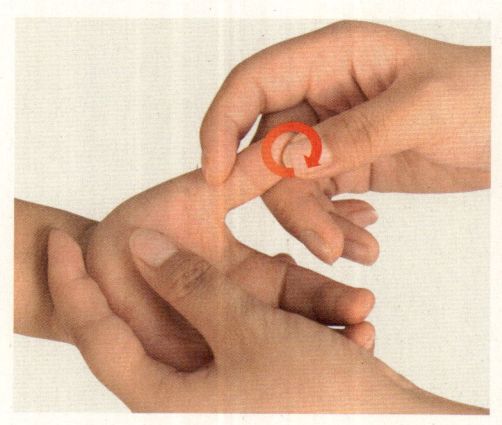

· 补脾经

用拇指指腹顺时针方向旋推孩子脾经100～300次。可健脾和胃,防止积食、泄泻。

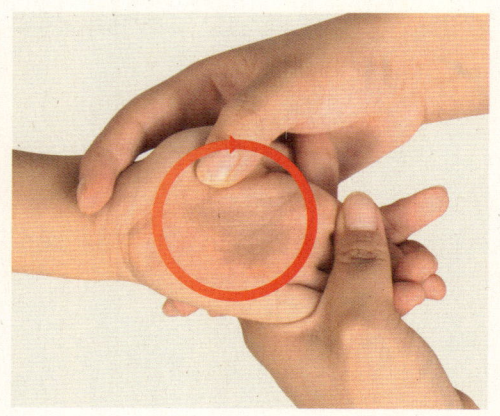

· 运内八卦

用拇指螺纹面自孩子手掌小鱼际处开始,沿顺时针方向,经大鱼际至起始处运内八卦100次。可调理气机,用于小儿脾胃不和导致的厌食。

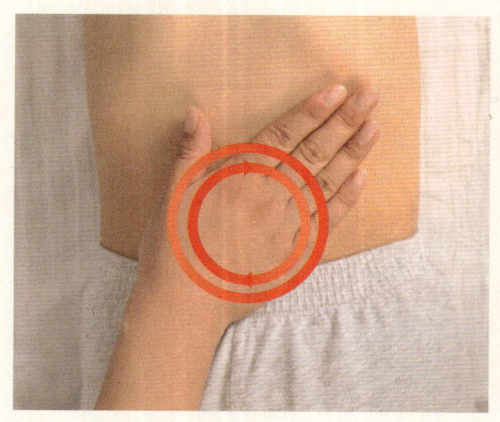

· 摩腹

用全手掌或拇指外其他4指掌心面轻贴宝宝腹部,以脐为中心,做环形运动,顺时针、逆时针方向各摩100次。可调理脾胃,补脾虚。

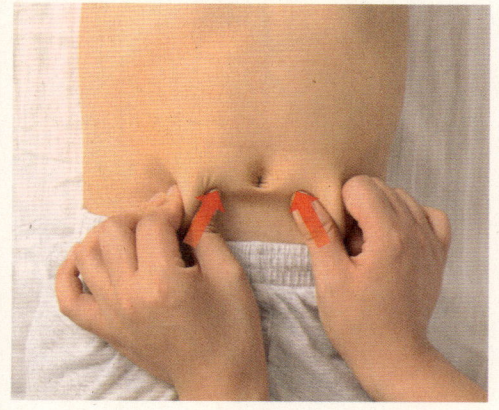

· 拿肚角

用双手拇指与食指、中指相对,向深处拿捏、上提后放松,拿肚角(左右穴同时拿)3～5次。防治因脾胃不和引起的腹痛、便秘、腹胀等。

第3节 缓解长牙不适

宝宝长牙，牙龈常会出现不适

宝宝的牙齿萌出时，会对牙龈神经造成刺激，宝宝的牙龈会出现不适，比如牙龈痒、牙龈疼痛等。当乳牙慢慢顶出牙龈时，疼痛可能会加剧，宝宝常会出现啼哭、烦躁不安等症状。可以每天用干净的医用纱布蘸凉白开水，轻轻擦拭宝宝的牙龈。

按揉颊车，缓解宝宝长牙疼痛

除擦拭牙龈外，还可以按揉颊车穴，能够缓解长牙引起的不适。

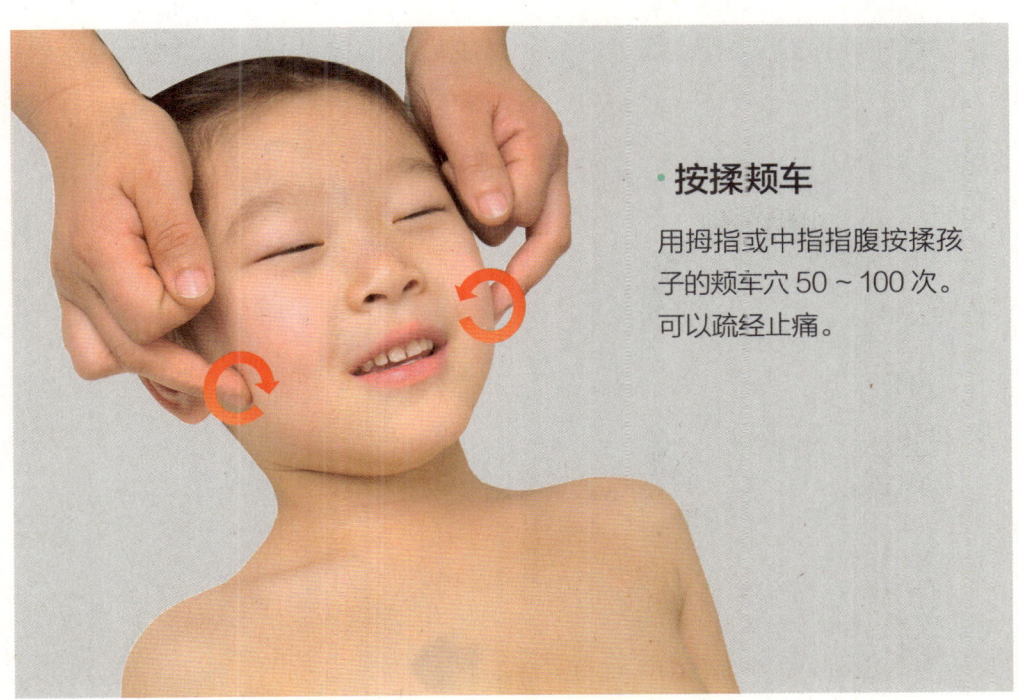

• **按揉颊车**

用拇指或中指指腹按揉孩子的颊车穴50~100次。可以疏经止痛。

 # 婴儿苏醒操

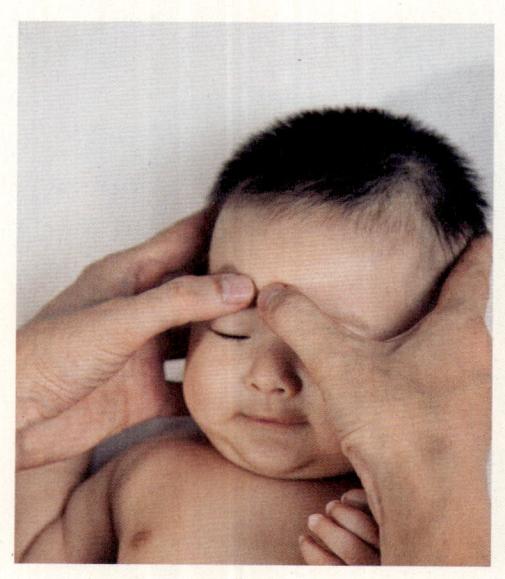

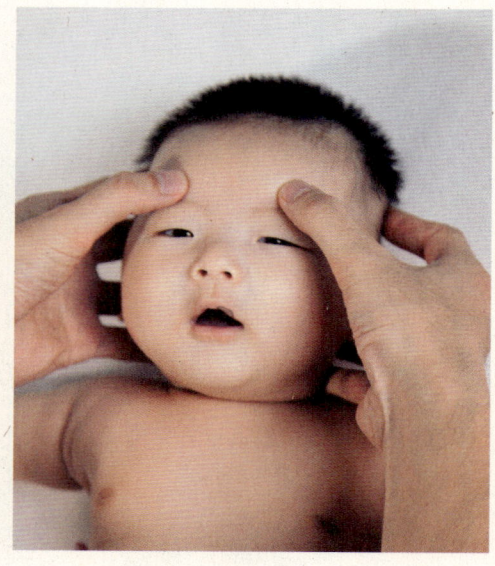

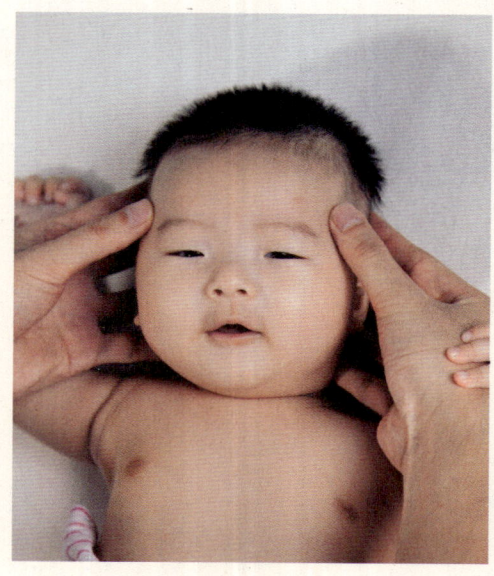

1 双手抚摸宝宝的眉心,再从眉间向两侧推。

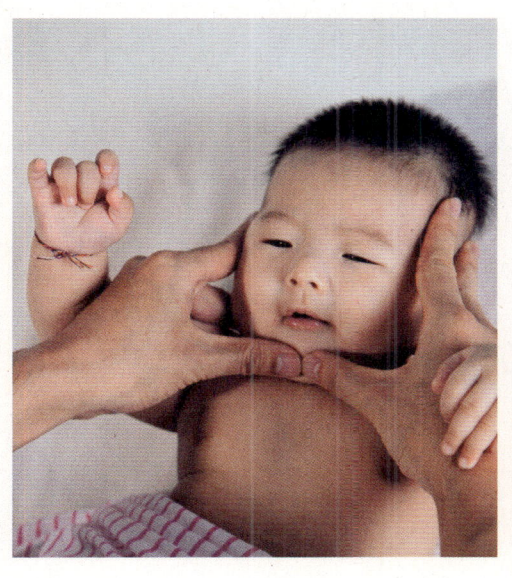
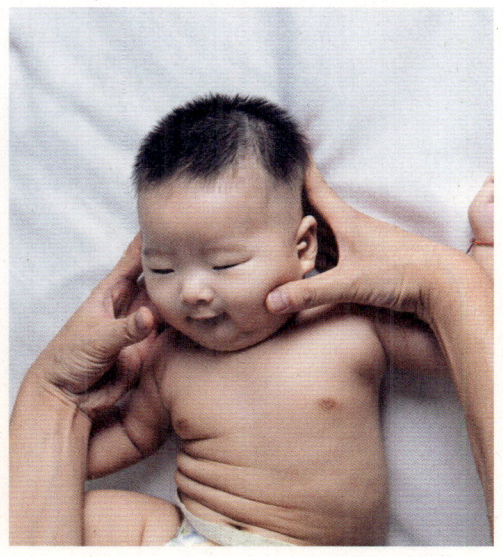

2 两拇指从下颌部向面部两侧上部滑行,让上下唇形呈现微笑状。

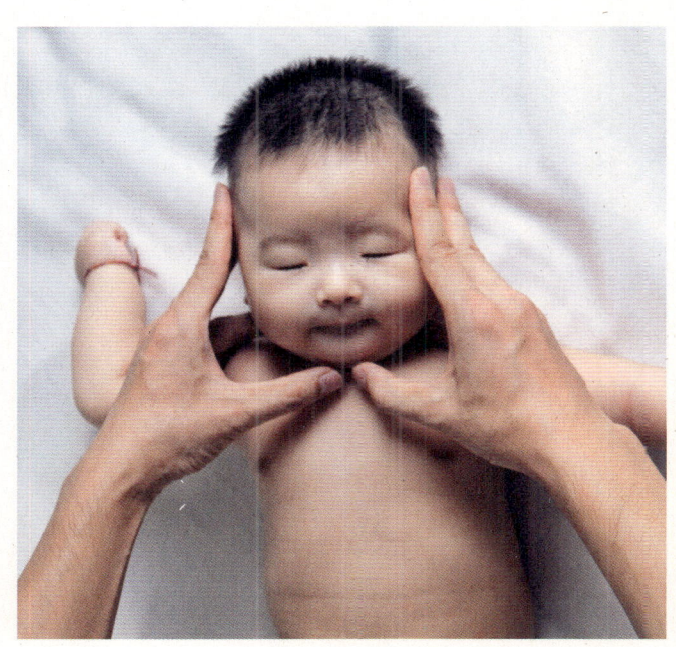

3 苏醒操做完了,宝宝清醒了。

附录

宝宝身上的特效穴位

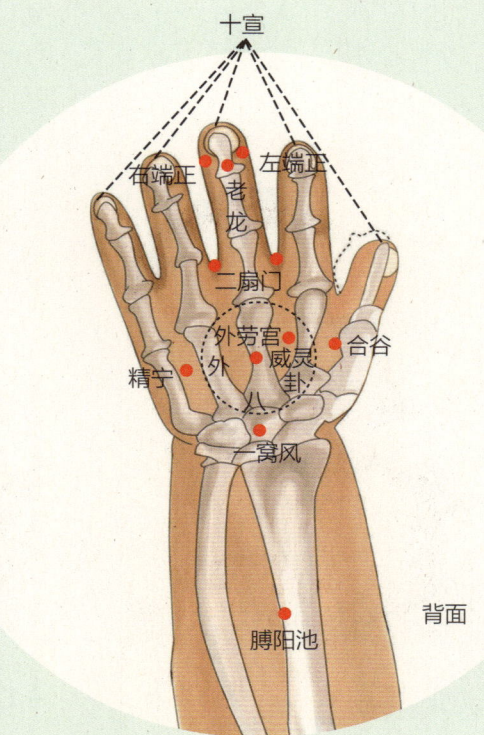

背面

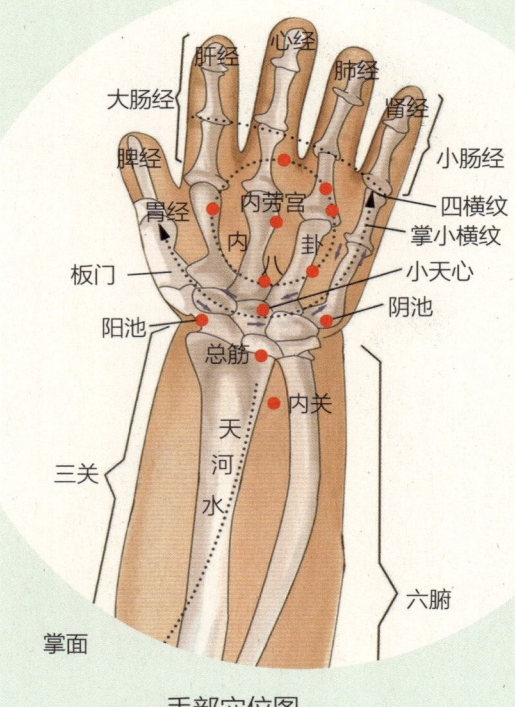

掌面

手部穴位图

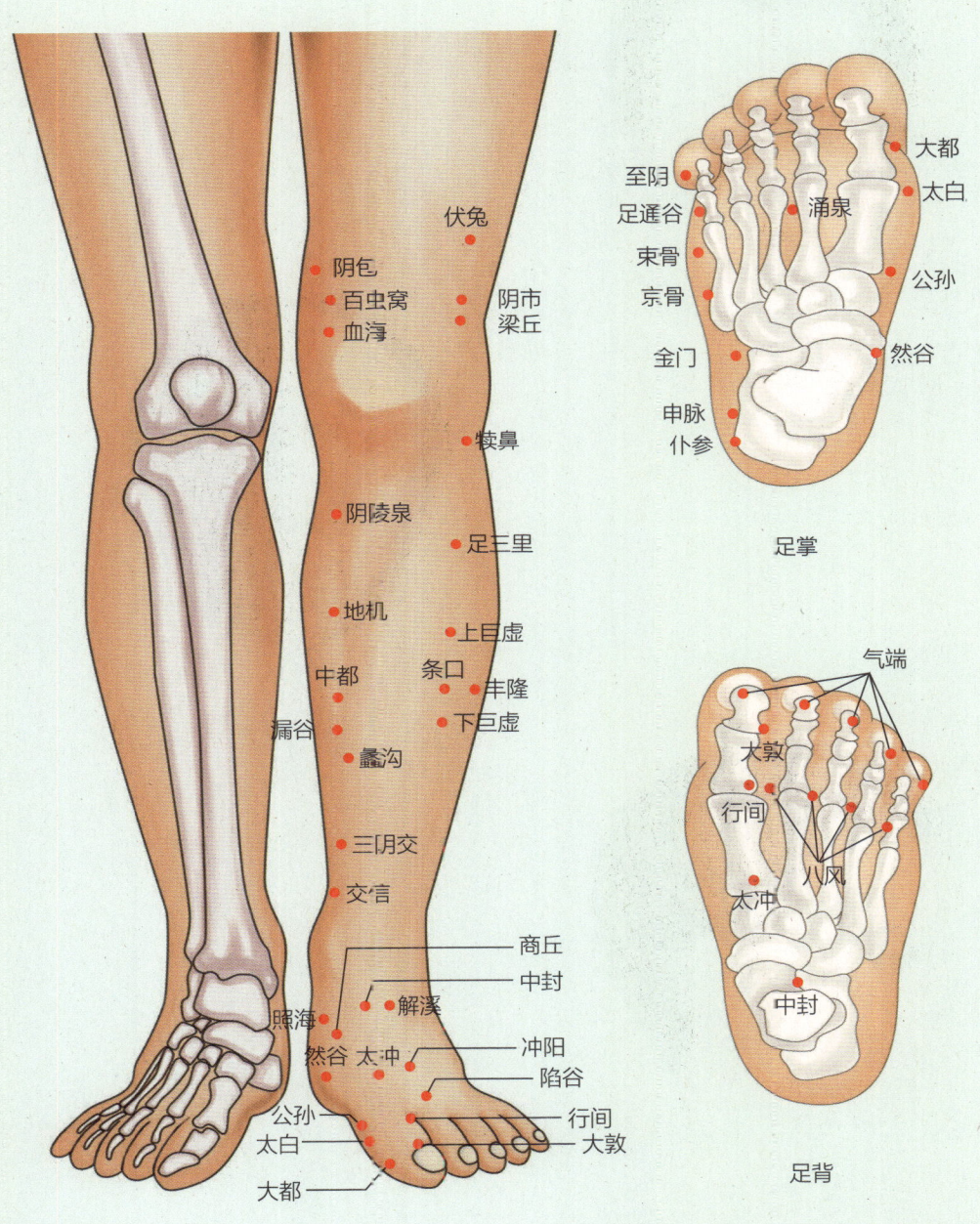

腿、足部穴位图

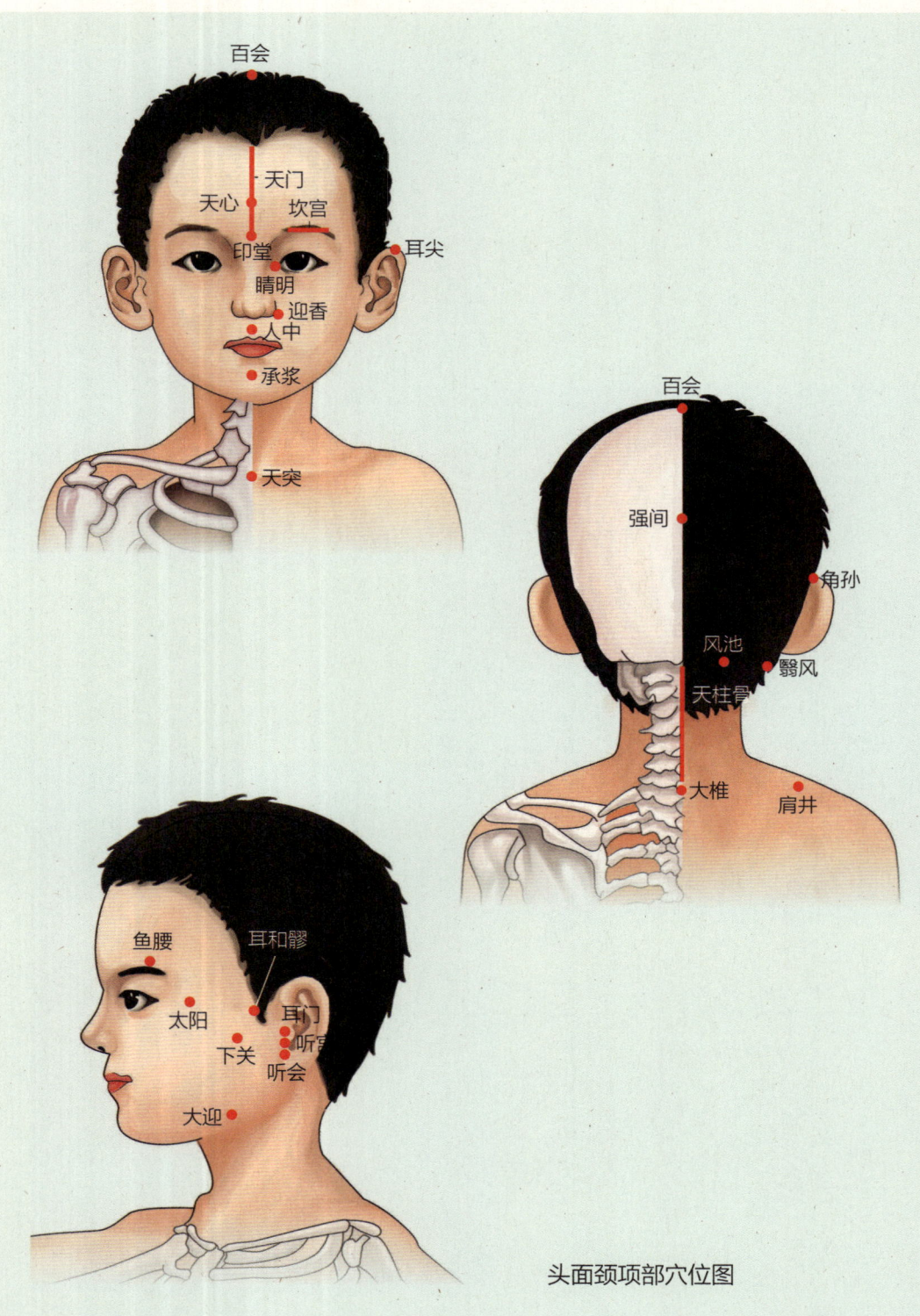

头面颈项部穴位图

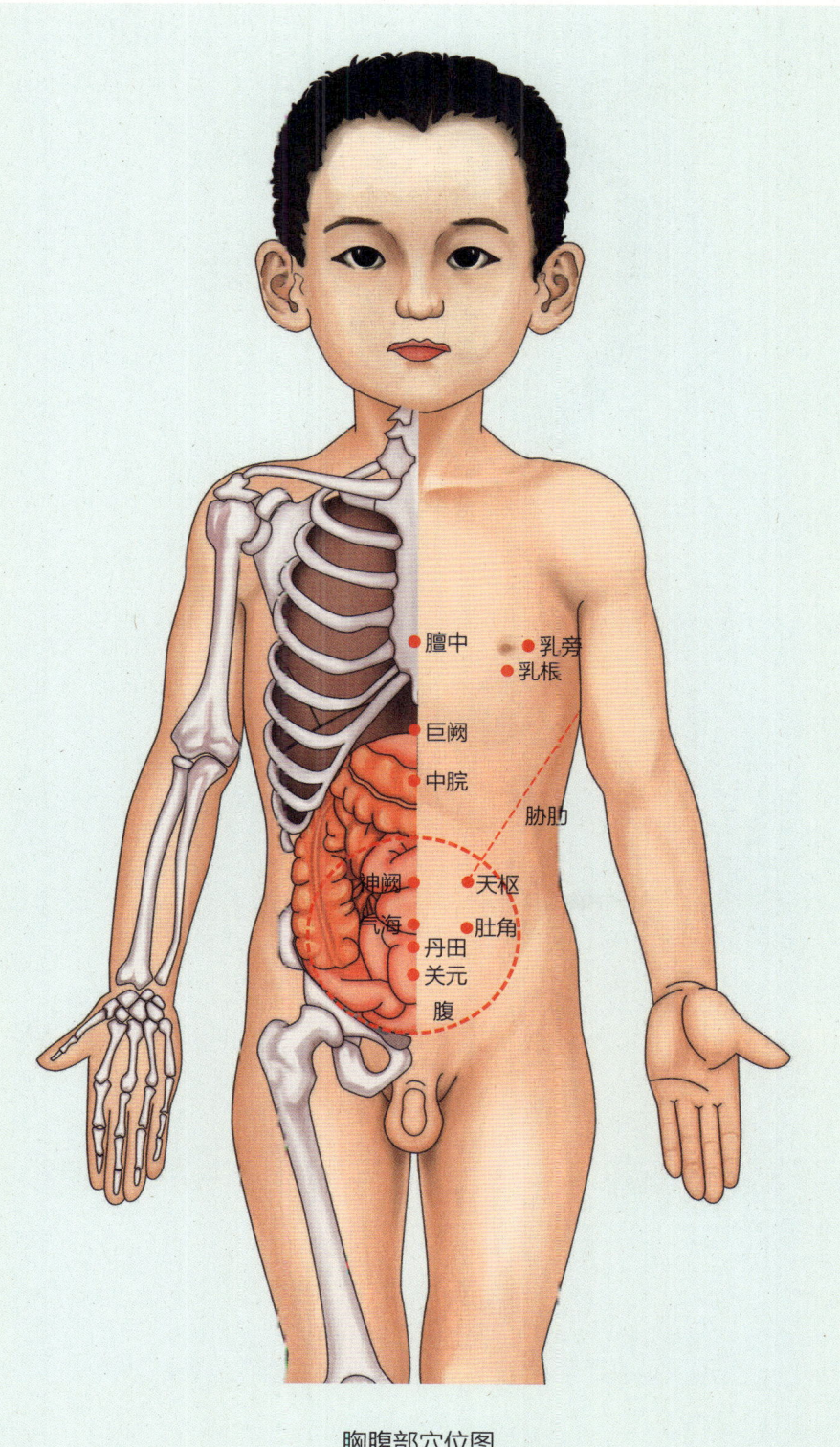

胸腹部穴位图

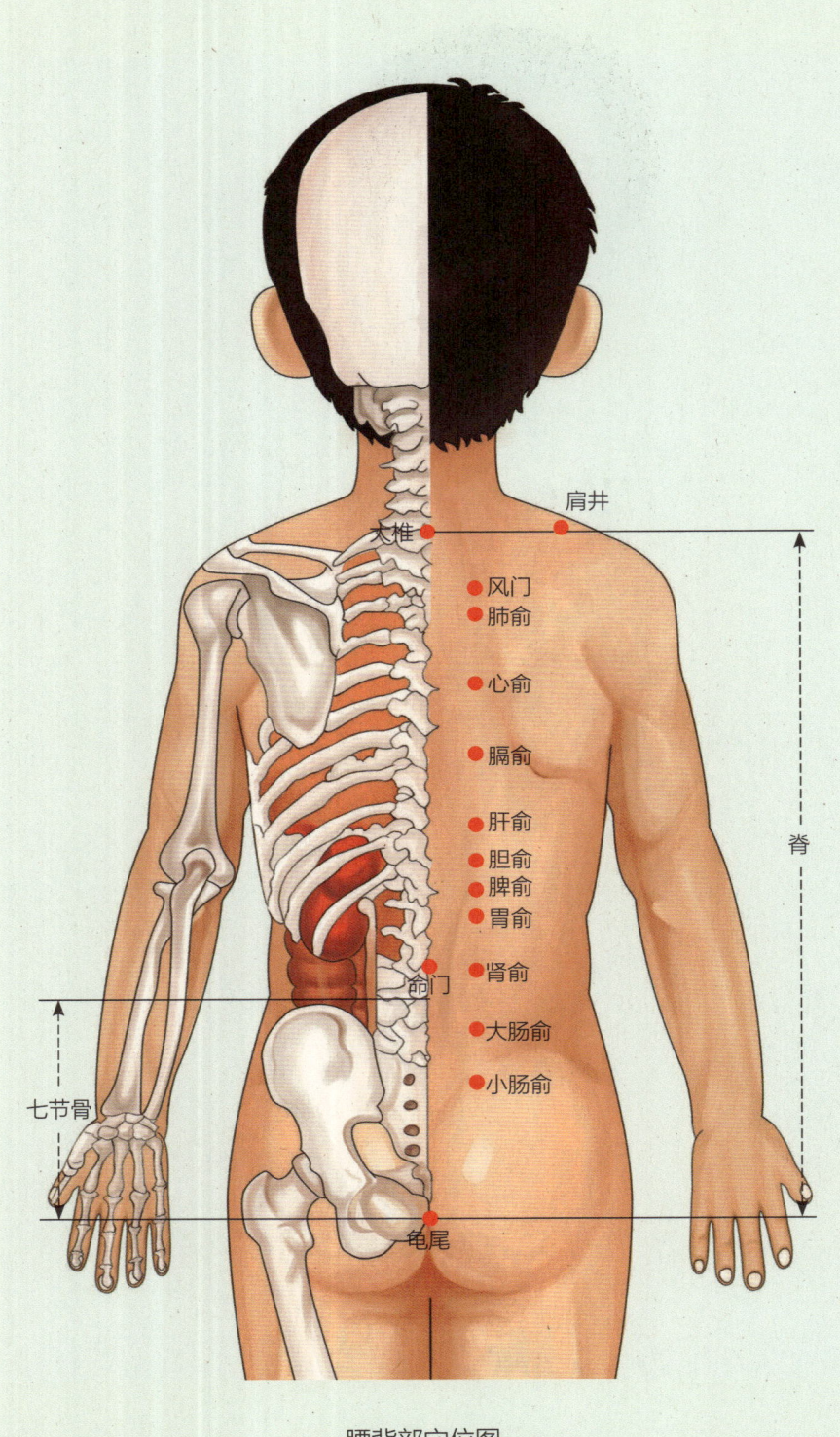

腰背部穴位图